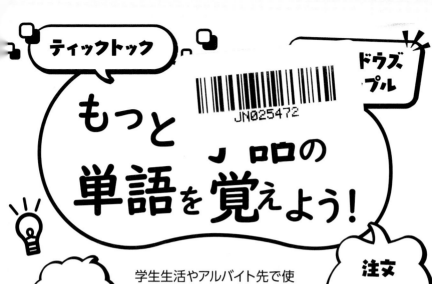

ティックトック

ドウズプル

もっと**J ロロ**の
単語を**覚**えよう！

カフェ

注文
レジ袋

学生生活やアルバイト先で使える会話文やインスタグラム、ツイッターなどSNS関連の手話単語を紹介しています。

!?

単語索引（P①〜P⑯掲載の単語索引です）

✍ 服、おしゃれだね（かわいいね、かっこいいね）

その
対象を指差す。

服
両手の親指と人差し指で自分の洋服
をつまむ（つまむしぐさだけでもよい）。

おしゃれ
右手の指先で、左肩から腕のあたり
を2回はらうような動作をする。

「服」の入れ替え単語

髪型
右手で自分の髪の毛を触る。

かばん
右手でバッグを持つように手を握り、軽く上下させる。

メガネ
親指と人差し指をメガネの大きさに開き、両目にあてる。

「おしゃれ」の入れ替え単語

かわいい
右手でなでるように2回回す。

かっこいい
指を軽く曲げ、手のひらを自分に向ける。

👆 レポート提出した？

レポート
右手で指文字の「れ」(16ページ参照)をつくり、左手のひらの上で右前へ2回すべらせる。

提出
右手のひらを上にし、指先を相手に向けて出す。

〜しました
両手のひらを上に向け、指を閉じながら下へ下ろす。口の形は「パ」で完了を表わす。

👆 まだ

まだ
首を横に振り、否定を示す。

バリエーション

まだ
少し上体を反らしながら、左手を前に向け、右手の指先を、左手に向けて2回上下させる。

これから
右手を顔の横に置き、前に出す(「未来」の手話)。

ごはん
左手は皿を表し、右手でつくった箸で、食べる動作を2回する。

行こう
人差し指を下に向け前に出す。

「ごはん」の入れ替え単語

飲み
おちょこを持つように、親指と人差し指を「C」の形にし、飲む動作をする。「(酒を)飲む」。

カフェ
左手でコーヒーカップをつくり、右手はスプーンでかき混ぜる動作をする。

デート
右手の親指と小指を伸ばし、2回前に出す。

👉 連絡方法はなんですか?

連絡
両手の親指と人差し指で、くさりのように輪をつくり、前に出す(自分から連絡する場合。能動態)。

方法
左手を右手でポンポンと2回たたくようにする。

何?
人差し指を立て、左右に振る(たずねる表情をする)。

👉 LINE で お願いします

 ①

LINE
両手でアルファベットの「L」(120ページ参照)をつくり、左手を下、右手を上にして、交互に前後させる。

②

お願い します
うなずきながら手を顔の前に軽くおく(「頼む」の意味も表わす)。

「LINE」の入れ替え単語

メール
指文字の「め」(15ページ参照)を手前から前に出す。メールを送る(能動態)。

FAX
左手で受話器を表わし、右手で書類を送るように前に出す。

ようこそ、いらっしゃいませ

ようこそ、
いらっしゃいませ
両手のひらを上にして、指先を
相手に向け、左下へ移動させる。

何名様ですか?

① みんな
右手のひらを下に向け、頭をなでるよ
うに回す。

② いくつ
あごを左右に軽く振りながら親指か
ら順に折り曲げる。

お名前を書いてお待ちください

名前
左胸のあたりに左手を置き、右手の親指の腹を、左手のひらに拇印（ぼいん）を押すようにあてる。

書く
親指と人差し指で鉛筆を持つようにして、書く動作をする。

待つ
右手の親指以外の指を曲げ、指の背をアゴの下にあてる。

お願いします
うなずきながら手を顔の前に軽くおく（「頼む」の意味も表わす）。

検温してください（消毒してください、マスクをつけてください）

検温
右手の人差し指を左脇にあてる（脇に体温計をはさんでいる様子を表わす）。

お願いします
うなずきながら手を顔の前に軽くおく（「頼む」の意味も表わす）。

「検温」の入れ替え単語

消毒
左手のひらを上に向け、右手でポンプを押す動作をする。

両手を前後にこするしぐさをする。

マスク
両手の親指と人差し指で長方形（マスクの形）をつくり、口の前へ持ってくる（マスクを付けるような動作をする）。

👆 ご注文が決まりましたらボタンを押してください

注文
右手を顔の前に置き、親指を曲げ、右前へずらす。

決まる
人差し指と中指を伸ばし、左手のひらを1回たたく。

ボタン
左手でマルの形をつくり、右手の人差し指でボタンを押す動作をする。

お願いします
うなずきながら手を顔の前に軽くおく（「頼む」の意味も表わす）。

取り皿はいりますか？ (子ども用のイスは〜)

皿
両手で平らな皿の形をつくる。

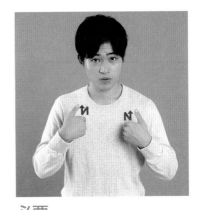

必要
両手の指先を折り曲げたまま脇に2回あてる。

「取り皿」の入れ替え単語

子ども用のイス

子ども
右手のひらを下にして、左から2回置くように移動する。

専用
両手の人差し指と中指を伸ばし、手首を内側にひねり上げる。

イス
右手の人差し指と中指の指先を曲げて、左手の人差し指に乗せる。

👈 レジ袋

袋

両手で袋の両端をつまむように
して、手前から向こうに2回転
させる。
※「レジ袋」の手話は「袋」の手話で
　表わせる。

👈 マイバッグ

①

②

マイバッグ

人差し指を胸の中央にあて、指先を
自分に向ける(「自分」の意味を表わ
す)。

右手でバッグを持つように手を握り、
軽く2回上下させる。

👆 おかわり自由です

① おかわり
手でお茶碗を持ち、手前から相手の方へ出す仕草をする。

② 自由
体の前で両手を握り、交互に上下させる。

👆 また、お越しください

① また
右手を握り、中指と人差し指を横に伸ばす（グーからチョキを出す）。

② いらっしゃる
右手の親指を立て、左手のひらの上に置き、そのままの状態で自分の方へ引く。

③ ください
うなずきながら手を顔の前に軽くおく（「頼む」の意味も表わす）。

👆 お待ちしております

お待ちしております
頭を少し下げながら右手の親指以外の指を曲げ、指の背をアゴの下にあてる。

ウィンドウズ

両手でアルファベットの「W」(121ページ参照)をつくり、左右に開いてから下へ下ろす。

アップル

アルファベットの「A」(120ページ参照)を頬の横に置き、親指を軸に小さく2回揺らす。

アマゾン

アルファベットの「A」を口元で左から右へ、半円を描いてずらす(アマゾンのロゴをイメージする)

フェイスブック

顔を両手で隠し、1回開く(軽く2回開いてもよい)。

グーグル (Google)

親指と人差し指で輪をつくり、きき目の前で2回回す。

ティックトック (Tik Tok)

日本式アルファベットの「T」(123ページ参照)を左と右でつくる。

インスタグラム

左手のひらの前で、右手の親指と人差し指を折り曲げ、下から上に2回動かす。

ツイッター (Twitter)

指文字の「つ」(15ページ参照)を口の前で2回閉じる。

ダウンロード

左手のひらを上に向け、上向きに開いた右手を閉じながら、左手のひらに向かって下ろす。

ホームページ

両手の親指を上下に動かす(「掲示板」の意味も表わす)。

スターバックス

両手の指を少し曲げ、うねうねと下に下ろす(スターバックスのロゴをイメージする)。

マクドナルド

日本式アルファベットの「M」(122ページ参照)をつくり、2回上下させる。

イートイン

① 対象(この場合は「店内」)を指差す。

② 食べ物をつかんで、2回口へ持っていく動作をする。

テイクアウト（持ち帰り）

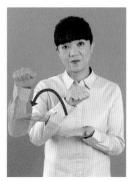

右手で持ち、左手を添えて、体の前から右へ持ち出すような動作をする。

部活

① 指文字の「ふ」(15 ページ参照)をつくり、左から右にずらす。

※濁音は、左から右にずらして表わす(16 ページ参照)。

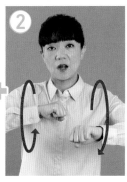

② 体の前で両手を握り、交互に外に向かって回す(「活動」の意味も表す)。

サークル

左手を立て、右手で指文字の「さ」(14 ページ参照)をつくり、水平に円を描くように回す。

写真でもしっかりわかる

動画で学ぶ

持ち歩き

やさしい手話

「NHK手話ニュース」元キャスター

豊田直子 著

●

立教大学日本手話講師

佐沢静枝 手話協力

日本文芸社

はじめに

　手話に初めて触れた方から「手話は世界共通ですか？」とよく聞かれます。手話には国際手話もありますが、音声言語（いわゆる話し言葉）に、日本語・英語・仏語などがあるように、手話にも世界各国の手話があります。

　では、日本の手話は「全国共通ですか？」と問われると、音声言語に関西弁や博多弁があるように、手話にも土地ごとに魅力ある方言があります。また、年配の方と若者の話し方が違うように、手話にも敬語があり、若者らしい話し方や流行語もあります。

　手話は、ろう者の母語であり、難聴者・中途失聴者の大切なコミュニケーション手段の一つです。ろう者・難聴者・中途失聴者といっても、聞こえる程度、聞こえなくなった年齢、育ってきた環境などによって、手話に対する考え方、手話の表わし方（日本手話・日本語対応手話など）もさまざまです。ですが、あなたの目の前にいる聞こえない方、各々が表わされるものは、すべて目で見る言葉（視覚言語）となって私たちにメッセージを送っているのです。ですから私たちは、その目で見る言葉をありのまま受け止めることが肝要です。

　手話で表現するにあたっては、地域ごとに手話にも違いがあることと、手の形だけでなく、手の位置や動き、手のひらの向き、顔の表情（視線・眉・口・あごなどの動き）、体の動き（体を引いたり、前かがみにするなど）一つ一つに意味があることを理解して表すことが大切です。

　この本は、2021年に出した『動画で学ぶやさしい手話』の巻頭に、新たな例文や単語を加えました。現役のろう学生に協力してもらい、今の大学生が使用している表現を載せています。大学生活やアルバイト先で使える手話・使いたい手話を採用しています。これも全国区ではないかもしれません。

　時代と共に廃れる言葉もあれば、新たに生み出される言葉もあります。ITやデジタルの発達で、言葉の入れ替わりは早くなっているかもしれません。それは手話の世界も同じです。

　本書で学ぶ手話をコミュニケーションのきっかけにして、あなたの目の前にいるろう者から学び、広げ、ふくらませていってくださればうれしいです。あなたに「私の思いを伝えたい」「あなたの言っていることを理解したい」という気持ちがあれば、少しくらい手の形が間違っていても、目の前のろう者・難聴者・中途失聴者はきっと読み取ってくださるはずです。がんばってください。

豊田直子

ワクワク冒険するような気持ちで手話を学ぼう!

　ある日、友人と道端で「手話べり」ながら歩いていたら、ビルのそばに立っていた警備員さんに手話で「お疲れさまです」と言われ、びっくりやらうれしいやらで感動したことを覚えています。その警備員さんはいつも「お疲れさまです」と声掛けしていたのでしょう。私が今まで気付かなかったのかもしれませんが、手話を使うことによって初めて伝わったこと、「手話べり」している私たちに勇気を出して手話で声掛けしてくださった姿に、感謝とともに温かい気持ちになりました。

　皆さんはきっと、ちょっとでも手話で話してみようとこの本を手にとってくださったと思います。ろう者や難聴者のために手話を覚えようというスタンスよりも、ろう者や難聴者は「目で感じる世界で暮らしている人」、手と顔で伝わるコミュニケーションってどんなものだろう、とワクワク冒険するような気持ちで学習してくださるとうれしいです。

　小学校での講演時に、子どもたちから「聞こえなくて困っていることは何ですか」と聞かれることが多いですが、まれに「聞こえなくてよかったと思うことは何ですか」という質問があると、うれしくなります。

　ろう者には世界共有の「ろう文化」があり、手話があると、世界をまたいでろう者や難聴者とすぐに仲良くなれることや視覚的言語から生まれる芸術（ろう演劇、手話語り、手話詩などの手話文学）を楽しめること、海の中でおしゃべりができることなど、さまざまなことができます。

　アメリカの大学では言語科目の一つとして手話を学習する機会が日本と比較して多く、渡米時、空港で「手話ができます。何か手伝う？」と声をかけられたり、博物館でたまたま会った人に「展示の文章を手話で表現してあげようか」と言われたりすることがありました。

　日本では、手話ができる人に会う機会は少ないですが、最近、日本手話を言語科目として取り入れる大学が増えてきています。各地域では手話言語条例が制定されており、「手話は言語である」という理解が広まる、そんな社会実現が楽しみです。さらに近い将来、手話言語法が制定、施行され、ろう者も自分の言語で生活できる時代がやってくることを願っています。

　手話ができなくても以下の3つの方法があればお互いに歩み寄れるでしょう。
1 アイコンタクト
2 筆談
3 「OK」のサイン

　最近はスマートフォンを使って筆談する機会が増えてきましたが、目と目を合わせて、スマートフォンの文字を見せたり、「かまわない」「大丈夫」「問題ない」などはそれぞれ手話があるけれど親指と人差し指で丸を作った「OK」のサインがあれば気持ちが代用できます。ぜひ、そこから挑戦してみてくださいね。

　手話は音ではなく、目で見る言語で、話し手の手だけではなくその人の全体を見てコミュニケーションを取ります。手話を学ぶことで、今までにない世界が広がることでしょう。

佐沢静枝

CONTENTS

Part 2 状況別の手話

編集スタッフ

ブックデザイン・DTP ／ニシ工芸株式会社

イラスト／佐々木みえ

手話イラスト／室井明浩（studio EYE'S）

モデル／豊田直子・佐沢静枝（動画）、西脇将伍、小林紀子

ヘアメイク／城江陽子、小倉ひろひさ

動画編集／株式会社ブレインズ・ネットワーク

動画撮影／天野憲仁（日本文芸社）

参考文献／『日本語－手話辞典』（米川明彦監修、社会福祉法人
全国手話研修センター日本手話研究所編集、財団法人全日本聾
唖連盟発行、中央法規出版社株式会社制作・発売）

＊本書は、2021 年 2 月に小社より刊行された『動画で学ぶや
　さしい手話』のデザイン・レイアウト等を変更し、新刊とし
　て再編集したものです。内容が重複している部分があります
　ので、ご購入にはご注意ください。

本書の手話動画について

本書に掲載しているおもな内容は、「QR コード」により、手話動画を見ることができます。実際の手や指の動作、表情などは動画で確認してください。動画のある項目には「QR コード」を掲載しています。

おはようございます

QR コードの使い方

カメラ機能を使って動画を見る

QR コードを読み取る機能やアプリが搭載されているスマートフォンやタブレットは、カメラのレンズを QR コードにかざすと動画サイトに飛び、簡単に見ることができます。

アプリをインストールする

アプリが搭載されていない場合は、「Apple Store」もしくは「Google Play」で「QR コード」と検索すると、さまざまな無料アプリが紹介されています。いずれかをインストールしてください。

＊アプリのダウンロードおよびご利用には別途通信料がかかり、お客様のご負担となります。
＊ご使用の機器やインターネット環境等によっては、ダウンロードや再生ができない場合があります。

まずは、これを覚えよう

手話は私たちがふだんしている動作（しぐさ）や特徴を表わしたものなども数多くあります。ここでは、そのようなイメージしやすい手話を紹介しています。どうか尻込みせず、トライしてみてください。では、いっしょに手を動かしましょう。

会話

手話

話す

「話す」「会話」はいろいろな表現があります。

電話

9

動物

イヌ
ネコ
ライオン

食べ物

食べる
飲む
バナナ

天候

暑い

寒い

風

雨

傘

11

身体

頭

眼

鼻

耳

口

歯

のど

＋痛い

体の痛い箇所を指してから、「痛い」の手話。

12

動作

走る

歩く

笑う

怒る

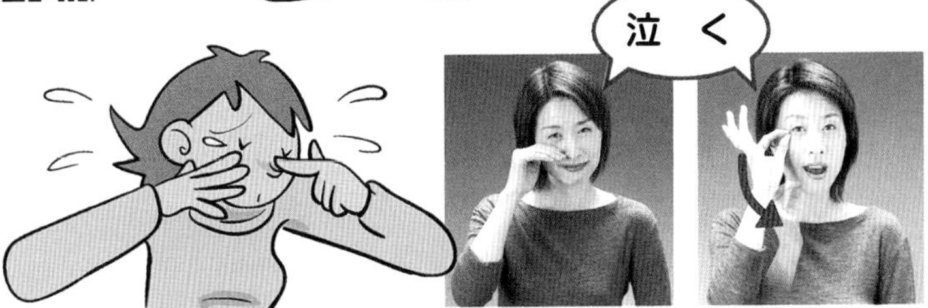

泣く

13

指文字（50音）

手話で50音にあたるのが、この指文字です。濁音「゛」、半濁音「゜」、促音「ッ」、拗音「ャ」、長音「ー」も表わせます。ここでは、右手で表わした絵を、相手から見た形で載せています（左手でもいいです）。「あ」〜「ん」まで、順番に覚えなくてもかまいません。さあ、自分の名前は、どうやって表わすのでしょうか？やってみましょう。

親指を、横に出したグーの形。「a」と同じ手話。

小指を立てる。親指は中でも外でもよい。「I」と同じ手話。

人差し指と中指を立てる。「U」と同じ手話。

指の腹を第1関節につけるようにする。「e」と同じ手話。

手を筒のように丸める。「o」と同じ手話。

人差し指を立て、中指の第2関節に親指につける。

影絵のときのキツネの形にする。

そろえた4本指を第1関節で少し内側に曲げる。数字の「9」と同じ手話。

敬礼のように指を立て、親指を曲げる。

カタカナの「コ」の上の部分のように直角に曲げる。小指を相手に見せる。

グーの形。親指は外に出す。「s」と同じ手話。

親指を立て、人差し指と中指を横にする。数字の「7」（"しち"から）。

自分から見て、カタカナの「ス」に見えるようにする。

中指を立て、他の指は握る。背骨の「せ」。

目の前のものを「それ」と指差すしぐさ。

あ い う え お

か き く け こ

さ し す せ そ

た
親指を立て、握りこぶしをつくる。親指の腹を相手に見せるように。

ち
小指を立て、他の指先を合わせる。

つ
小指と薬指を立て、親指の先に人差し指と中指の先をつける。

て
指をそろえて、手のひらを相手に向け「手」を表わす。

と
人差し指と中指を立てる。

な
人差し指と中指を下に向ける。「n」も表わす。

に
人差し指と中指を横にする。漢数字の「二」と同じ手話。

ぬ
人差し指をカギ型に曲げると「盗む」を表わす。

ね
木の根のように下向きにして開く。

の
人差し指でカタカナの「ノ」を空書する。

は
人差し指と中指を前方斜め下に出す。「h」と同じ手話。はさみの「は」。

ひ
人差し指を立て、指の腹を相手に向ける。数字の「1」（"ひとつ"から）。

ふ
自分から見て親指と人差し指でカタカナの「フ」をつくる。

へ
手を下向きにし親指と小指を出して、「へ」の形をつくる。他の指は曲げる。

ほ
手の甲を相手に向け、指全部を少し内側に曲げ、ヨットの帆を表わす。

ま
人差し指、中指、薬指を開いて伸ばし下に向ける。「m」も表わす。

み
人差し指、中指、薬指を横にする。漢数字の「三」（"みっつ"から）。

む
親指と人差し指でL字をつくる。数字の「6」（"むっつ"から）。

め
親指と人差し指をつけ、他の指は立て、目の形をつくる。

も
親指と人差し指を合わせる。

や
小指と親指を立て、他の指は握る。「Y」と同じ手話。

ゆ
手の甲を相手に向け人差し指、中指、薬指を立て、温泉マークをつくる。

よ
手の甲を相手に向け、親指以外の指の間を少し開き、横に出す。

ら	り	る	れ	ろ
人差し指に中指をからませる。「r」と同じ手話。	人差し指と中指の2本で「リ」を書くようにする。	小指と薬指を折り、他の指を立てて相手から「ル」に見えるようにする。	親指と人差し指を立て、相手から見て「レ」になるようにする。	人差し指、中指を合わせてカギの形にする。

わ	を	ん		

手のひらを相手に見せ、人差し指、中指、薬指を立てる。「W」と同じ手話。	「お」と同じくし、手前に引く。	人差し指でカタカナの「ン」を空書する。		

び／濁音	ぴ／半濁音	長音	促音	拗音
それぞれの形をつくり、右横に動かす。	それぞれの形をつくり、上げる。	人差し指を伸ばし、上から下に下ろす。タクシーの「—」のように伸ばす部分の表現の仕方。	「つ」を手前に引く。	それぞれの形をつくり、手前に引く。

濁音…かなで表わすときに、濁点「゛」をつける音。
半濁音…「゜」のつくパ行の音。
長音…長く引きのばした音。「—」を書いて表わされる音。
促音…かなの「つ」や「ツ」を小さく表わす音。
拗音…かなの「ヤ・ユ・ヨ」などをそえて、1つの音節で表わす音。

数詞

数詞は、年齢、生年月日、時間、人数、個数、お金などさまざまなシチュエーションで使われます。待ち合わせの時間など、間違えて伝わると困りますので、しっかりと覚えましょう。

小指が相手に見えるようにし、丸めた手が「0」に見えるようにする。

人差し指を立てる。

人差し指と中指を立ててVサインをつくる。

人差し指、中指、薬指の3本を立てる。

親指以外の指を立てる。

親指を横に伸ばし、他の4本の指を握る。

手の甲を相手に向け、親指と人差し指でL字をつくる。「む」と同じ手話。

手の甲を相手に向け、親指を立て、人差し指と中指を開き横にし、他の指は握る。「し」と同じ。

手の甲を相手に向け、親指を立て、人差し指、中指、薬指を横に伸ばす。小指は折る。

手の甲を相手に向け、親指は立て、それ以外の指はそろえる。「く」と同じ手話。

人差し指を前に折り曲げる。

「10」を表わしながら、「1」をつくる。12～19の数字も同様で「10」を表わしてから「2～9」をつくればよい。

手の甲を相手に見せ、人差し指のみを横にする。	手の甲を相手に見せ、人差し指と中指を横にする指文字「二」と同じ。	手の甲を相手に見せ、人差し指、中指、薬指を横にする。指文字「ミ」と同じ。	手の甲を相手に見せ、親指以外を横にする。指文字「ヨ」と同じ。

人差し指と中指を曲げる。	人差し指、中指、薬指を曲げる。	親指を閉じ、4本の指を曲げる。	親指を曲げ、他の指は握る。

親指と人差し指を曲げる。	親指、人差し指、中指を曲げる。	小指以外の伸ばした指を曲げる。	全部の指を曲げる。

		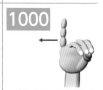
漢数字の「一」を表わし、人差し指を上にはね上げる。	「100」を表わしてから「1」を表わす。他の3ケタも同様にする。	小指を立て、他の指先を親指に合わせ右に動かす。指先を相手側に向ける。

漢数字の「一」を表わした手で（自分から見て）漢字の「千」を書く。	「1」を表わしてから、全部の指を閉じ「万」の位を表わす。

18

Part 1

手話を
使おう

あいさつ

おはようございます

朝

右手を握り、こめかみのあたりからそのまま真下に下げる。「おはよう」の意味もある。

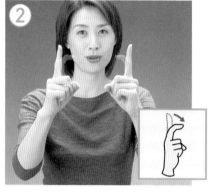

あいさつ

両手の人差し指を立てて向かい合わせ、人差し指を写真のように折り曲げる(指の指紋が顔を表わす)。

バリエーション

ろう者のあいさつは朝、昼、夜、片方の手を上げてあいさつすることが多い。年上の人にあいさつするときは、少し肩をすぼめて、敬意を表しながらおこなう。

今日はよい天気ですね

今日
両手のひらを下にし、軽くおさえる（「現在」の意味も表わす）。

天気
顔は空を見ているようにし、右手で、空に弧を描くようにする。

よい
右手を握り、写真のように鼻先にあて、前に出す。

寝坊しちゃった   ## 寝不足です

寝坊
握った右手(枕をイメージ)に、もたれるように頭を傾け、右手を上げる。

寝る
握った右手(枕をイメージ)に、もたれるように頭を傾ける。

不足
左手のひらを上に向け、右手の人差し指で左手のひらをかくようにする。

バリエーション

寝る
握った右手(枕をイメージ)に、もたれるように頭を傾ける。

足りない
右手を握り、親指を立て、2回ほどアゴの下を軽くはじくようにする。

眠い

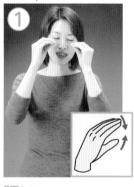

眠い
親指と他の4本の指で、まばたきをするように、両手を目の前で2回ほどすぼめる。

こんにちは、元気?

こんにちは

右手の人差し指と中指を
立て、顔の前に置く（時
計の12時の位置）。「昼」
「正午」の意味。

両手の人差し指を立てて
向かい合わせ、人差し指
を折り曲げる。「あいさつ」
の手話。

元気?

両手を握り、体の前に置
き、2回上下させる（たず
ねる表情をする）。

バリエーション

こんにちは

片方の手を上げてあいさつする。ろ
う者のあいさつは朝、昼、夜、片方
の手を上げてあいさつすることが多
い。年上の人にあいさつするときは、
少し肩をすぼめて、敬意を表しながら
おこなう。

元気?

両手を握り、体の前に置き、2回上下
させる（たずねる表情をする）。

おひさしぶりです

ひさしぶり

両手の親指以外の指の背を合わせ、両手を左右に引き離す。

元気です

元気

両手を握り、体の前に置き、2回上下させる。

最近どう？

最近

両手のひらを下にし、軽くおさえる（「現在」「今」の意味も表わす）。

右手を開いて、指先を相手に向け、左右に軽く振る。「〜頃」「〜くらい」の意味。

どう？

体の前で右手の人差し指を立て、2〜3回左右に振る（たずねる表情をする）。

忙しいです

忙しい

両手の指先を下に向けて開き、交互に水平
に円を描くように回す。

こんばんは

夜

両手のひらを
相手に向け、
両手を交差さ
せながら下げ
る（「暗い」の
意味も表わ
す）。

①

あいさつ

両手を握り、体
の前に置き、2
回上下させる。

②

今日は暑いですね

今日
両手のひらを下にし、軽くおさえる（「現在」の意味も表わす）。

暑い
右手でうちわを持って、あおぐように動かす（「夏」の意味も表わす）。

同じ（同意）
両手の親指と人差し指を、閉じたり開いたりする（片手でもよい）。

今日は寒いですね

今日
両手のひらを下にし、軽くおさえる（「現在」の意味も表わす）。

寒い
両手を握り、寒さに震えるように小刻みに動かす（「冬」の意味も表わす）。

同じ（同意）
両手の親指と人差し指を、閉じたり開いたりする（片手でもよい）。

ありがとうございます

ありがとう

左手のひらを下に向け、右手の小指側を、左手の甲の上に乗せ、軽く会釈をしながら右手だけそのまま上げる。

今日は本当にありがとうございました

今日

両手のひらを下にし、軽くおさえる（「現在」の意味も表わす）。

本当

開いた右手の人差し指側を、2回アゴにつける。

ありがとう

左手のひらを下に向け、右手の小指側を左手の甲の上にのせ、右手を上げる。

どういたしまして

バリエーション

いえいえ

手のひらを相手に向け、左右に振る（かまわないの気持ちをこめて）。

いえいえ

右手の小指を立て（手の甲を相手に向ける）、指先をアゴに1回あてる。

手のひらを相手に向け体の前に置き、軽く前に押し出す。

27

ごめんなさい

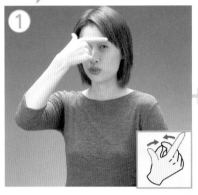

ごめんなさい

右手の親指と人差し指を（眉間をつまむように）閉じ（「迷惑」の意味も表わす）、

手を開きながら、頼むように前に出す（「すみません」「申し訳ございません」も同様）。

よろしくお願いします

よろしく

右手を握り、写真のように鼻先にあて、軽く前に出しながら、（「よい」の意味も表わす）

手を開き、頼むように下ろす（「よい」＋「頼む」で「よろしくお願いします」となる）。

また、会いましょう

また
右手を握り、中指と人差し指を横に伸ばす（「再び」の意味も表わす）。

会う
両手の人差し指を立て、互いの指を引き寄せる。

うん、またね

うなずき
相手に同意するように、うなずく。

再び
右手を握り、中指と人差し指を横に伸ばす（「また会いましょう」の気持ちをこめる）。

今度はいつにしますか？

今度
手のひらを前に向け、顔の横に置き前に出す。

いつ
体の前で両手を上下にし、両手の指を親指から順に折り曲げていく。

希望？
親指と人差し指を伸ばし、アゴの下にあて、指を閉じながら下げる（「好き」の意味も表わす）。

29

後で連絡するね

後で（未来）

右手のひらを前に向け、顔の横に置き、そのまま軽く前に出す。

連絡

両手の親指と人差し指で、くさりのように輪をつくり、前に出す（自分から連絡する場合。能動態）。

連絡待ってるわ

連絡

両手の親指と人差し指でくさりのように輪をつくり、手前に引く（連絡を受ける場合。受動態）。

待つ

右手の親指以外の指を曲げ、指の背をアゴの下にあてる。

30

行ってきます

行く
目を合わせることで確認する。

行ってらっしゃい

行ってらっしゃい
見送るように手を振って表現する。

気をつけてね

注意
両手を上下にし、注意を促す表情で両手を体に引き寄せながら同時に握る。

何時に帰ってくるの？

① 帰る
親指と他の4本の指を閉じながら、胸の前まで引いてくる。

② 時間
腕時計をイメージして指差す。

③ いくつ？
右手のひらを上に向け、親指から順に折り曲げる。

どこに行くの？

① 行く
人差し指を下に向け前に出す（たずねる表情をする）。

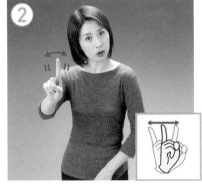

② どこ？
右手の人差し指を立て、指先を左右に振る。

忘れ物はない？

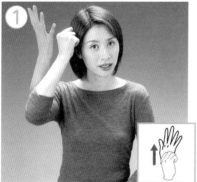

忘れる

右手をこめかみの横で握り、手を開きながら上げる（記憶が頭から抜けるようなイメージで）。

ない？

両手のひらを前に向け、クルッと手首を反転させる。

あるよ、大丈夫

ある（カバンの中に）

カバンの中に入っている荷物のある場所に手をおく（動画では一般的なパターンで体の前に"ある"と表わしている）。

大丈夫

左手を右肩から左肩に移動させる（写真ではカバンを持っているので左手で表わしているが、右手で表わすときは左肩から右肩へ）。

お疲れさまでした

バリエーション

お疲れさま
でした、ありがとう

上の「お疲れさま」の動きに「ありがとう」を加えると、相手をねぎらったり、感謝の意味が加わる。いずれも、あいさつ代わりに日常的に使われている。

お疲れさま

握った右手で、左手首をトントン軽くたたく（相手の肩をやさしくたたいてあげるイメージで行なう）。「苦労」「大変」の意味もある。

帰りが遅かったね

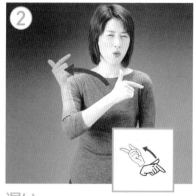

帰り

親指と他の4本の指を閉じながら、胸の前まで引いてくる。

遅い

右手の人差し指と親指を伸ばし、左から右へ動かす。

帰りが早かったね

帰り

親指と他の4本の指を閉じながら、胸の前まで引いてくる。

早い

右手の親指と人差し指をつけ、左側にパッと開く。

時間が遅かったね

時間
腕時計をイメージして指差す。

遅い
右手の人差し指と親指を伸ばし、左から右へ動かす。

時間が早かったね

時間
腕時計をイメージして指差す。

早い
右手の親指と人差し指をつけ、左側にパッと開く。

どうぞ召しあがれ

食べる

左手で皿を、右手の人差し指と中指で箸を表現し、口に運ぶように動かす。

どうぞ

手のひらを上に向け左右に振る（食事をすすめるようにやさしくうながすイメージで）。

食べていい?

食べる

左手で皿を、右手の人差し指と中指で箸を表現し、口に運ぶように動かす。

かまわない?

小指を立て、指先をアゴに2回あてる（いただいて、かまわないですか?というイメージ）。

ONE POINT ADVICE

「かまわない」は、いろいろな場面で使える言葉

「かまわない」は "OK" "気にしない" "平気" など、広い意味を含んでいます。そのため、使う場面や表情により、意味が変わってしまうので、表現するときには注意しましょう。

37

おいしい？

おいしい

おいしい？

ほっぺたが落ちるイメージで、ほほを軽く2回たたく（女性らしい表現）。

おいしい

握った手を左から右に動かす（男性的な表現）。

後片付けを
しようか？

ごちそうさま
もう、
お腹いっぱい

ごちそうさま、もうお腹いっぱい

① ごちそうさま

「ごちそうさま」と言って手を合わせてもよい。「いただきます」も同様。

② 満腹

お腹がふくらむイメージで、右手を左手につける

片付けを手伝いましょうか?

① 片付け

箱を動かすように両手を左右に2回動かす。

② 手伝う?

左手の親指を立て、問いかける表情で、右手で左手をやさしく2回たたく。「助ける」の意味。

疑問・肯定・否定文の表現

今日は水曜日ですか？

今日
両手のひらを下にし、軽くおさえる（「現在」の意味も表わす）。

水曜日？
右手のひらを上に向け、水が波打つようにゆらしながら、問いかける表情で右に移動させる。

そうです

そう
親指と人差し指を閉じる（「同じ」という意味も表わす）。

ONE POINT ADVICE

現在・過去・未来を表現するには？

　手話で時間の経過を表現するには、現在、過去、未来の手話で表わせます。

　今自分がいるところが現在なので、その場で手をおさえます。歩いてきたところが過去なので、手を後ろに倒します。これから歩むところが未来なので、手を前に出します。

過　去	未　来

いいえ、今日は木曜日です

違う

親指と人差し指を手首からクルッとねじる。

今

両手のひらを下にし、軽くおさえる（「現在」の意味も表わす）。

木曜日

木の幹の太さをイメージして、両手の親指と人差し指を伸ばして前に置く。

木の形をなぞるように上に移動させる（「木」の意味も表わす）。

お祭りに行きますか？

① 祭り
両手で御輿（みこし）の棒を握るようにして、2回ほど上下させる。

② 行く
人差し指を下に向け、前に出す。

③ あなた？
相手に問いかけるように指差す。

もちろん、行きますよ

① もちろん
「もちろん行く」という感情をこめて、親指と人差し指を閉じる（「そう」「同じ」という意味を表わす）。

② 行く
人差し指を下に向け、前に出す。

用事があって行けません

① 用事
たぐり寄せるように、手前に引く（「必要」の意味も表わす）。

② ある
手を軽く置く。

③ 難しい
ほほを軽くつねるしぐさをする（力強くつねると「絶対に無理」となる）。

この問題がわかりません

この
その対象を指さす。

問題
つまんだ親指と人差し指
で、門がまえを書くよう
にする。

わからない
胸のあたりから、2回ほ
ど右上に払い上げる(「知
らない」の意味を表わす)。

バリエーション

★「この問題がわかりません」の②の「問題」を下記に代えるとバリエーションになる。

やり方
左手を右手でポンポンと
たたくようにする(「方法」
の意味を表わす)。

内容
左手で囲んだ中身を、指
すようにグルッと回す。

意味(理由)
右手の人差し指を、左手
の下にくぐらせる。

作り方
釘を打つように、
トントンと2回
ほどたたく(「作
る」の手話)。

左手を右手で
ポンポンとたた
くようにする
(「やり方」、「方
法」の手話)。

43

わかりません **わかりました**

わからない

胸のあたりから、2回ほど払い上げる(「知らない」の意味も表わす)。

わかる

右手で胸を軽く2回たたく。

バリエーション

教えてください

教わる

人差し指を自分に向かって、2回ほど動かす（「教える」は相手に向けて振る）。

お願い

拝むしぐさ（片手でもよい）で「お願い」を表わす（「頼む」の意味も表わす）。

44

明日までにできますか？

① 明日
人差し指を前に倒す。

② まで
右手の指先を、左手のひらにつける。

③ 終わる
指を閉じながら下げる（片手でもよい）。

④ 大丈夫？
肩から肩に、大きくゆっくり移動すると「絶対大丈夫?」、小さく不安な表情ですると「本当に大丈夫?」となる。

         間に合いません

できます **できません**

できる
肩から肩に移動させる（「大丈夫」の意味も表わす）。

無理
つねるしぐさをする（首を横に振りながらすると、なおよい）。

間に合わない
上下に重ねたこぶしを、左右に引き離す（「できない」の意味も表わす）。

45

あなたは泳げますか？

① あなた
対象者を指差す。

② 泳ぐ
人差し指と中指を、バタ足させて泳ぐように動かす。

③ 大丈夫？
肩から肩に移動させる（たずねる表情で）。「できる」の意味も表す。

泳げません

① 泳ぐ
人差し指と中指を、バタ足させて泳ぐように動かす。

② 無理
ほほを軽くつまむ（「できない」「難しい」の意味も表わす）。

バリエーション

かなづちです
「泳ぐ」の手話のあと、すぼめた両手を上に向かってパッと開く。最後に自分か相手を指さすと、誰がかなづちなのかが明確になる。

車の運転はできますか？

① 運転
車のハンドルを握り、運転している動きをする。

② できる？
たずねる表情で肩から肩に移動させる（「大丈夫」と同じ手話）。

できます

できる
自信がある表情で、大きくゆっくり表わすと「もちろん大丈夫」となる。

できるけど……

できる
「できる」を表した後、不安な表情で首をかしげる。「自信がない」、「ペーパードライバー」などの意味を含む。

免許証を持っていません

① 免許
左手に、右手で証明の印を押すイメージで2回あてる。

② ない
両手をグルッと半転させる。

47

駅

左手は切符を表わし、右手で切符を切るようにする（「改札」の意味も表わす）。

どこ？

人差し指を左右に振る。

ごめんなさい

親指と人差し指で眉間をつまむように、手を開きながら前に出す。

場所

手をドーム状にする。

わからない

胸のあたりから、2回ほど払い上げる（「知らない」の意味も表わす）。

知っています。この道の突きあたりを右です

知っている

右手で胸を2回たたく。「わかる」の意味も表す。

この

対象（この場合は「道」）を指差す。

道

道幅をイメージして、両手を前に出す。

突きあたり

左手に、右手の指先をつける。

右

ヒジを右に出す。

ある

右手を軽く置く（この場合は駅のある方向に置く）。

今、お時間ありますか？

今
両手のひらを下にし、軽くおさえる（「現在」の意味も表わす）。

時間
腕時計をイメージして指差す。

大丈夫？
肩から肩に移動させる（たずねる表情で）。「できる」の意味も表す。

はい、大丈夫です

うなずく
「ハイ」と言う気持ちでうなずく。

大丈夫
そろえた指先を、肩から肩に移動する（上の「かまわない」の手話を使ってもよい）。

今、ちょっと無理です

今
両手のひらを下にし、軽くおさえる（「現在」の意味も表わす）。

時間
腕時計をイメージして指差す。

無理
ほほを軽くつねるしぐさをする（首を横に振りながらすると、なおよい）。

彼が好きですか？

彼
(親指を指さないで見るだけでもよい)。

好き？
親指と人差し指を閉じながら下げる (首をかしげ、たずねる表情で)。

はい、好きです

うなずく
うなずく。

好き
親指と人差し指を閉じながら下げる (好きですという気持ちをこめて)。

嫌いです

嫌い
閉じた親指と人差し指を、開きながら下げる。

なぜ彼が好きなのですか？

彼
（親指を指さないで見るだけでもよい）。

好き
親指と人差し指を、閉じながら下げる（希望、「〜したい」の意味も表わす）。

理由
人差し指を下に向け、前に2回動かす。

おもしろいからです

おもしろい
右手を握り、胸を軽く2回たたく。

指差す
指先を「彼」と表現したほうに向ける。

バリエーション

おもしろい
両手を握り、同時にお腹をたたく。

なぜ彼が嫌いなのですか？

①

②

③

彼
（親指を指さないで見るだけでもよい）。

嫌い
閉じた親指と人差し指を、開きながら下げる。

理由
人差し指を立て、下に向け、前に2回動かす。

短気だからです

①

②

③

気持ち
人差し指で、心臓のあたりを一周させる（指差すだけでもよい）。

短い
親指と人差し指をつけた両手を引き寄せる（頭＋短いでも「短気」を表わす）。

指差す
指先を「彼」と表現したほうに向ける。

53

コーヒーのおかわりはいかがですか？

① コーヒー
左手でコップをつくり、右手はスプーンでかき混ぜる動作をする。

② もう一つ
人差し指をアゴの下にあて、軽くはじき、前に出す。

③ いかが？
人差し指を左右に振る。

おかわりをいただけますか?

① コーヒー
左手でコップをつくり、右手はスプーンでかき混ぜる動作をする。

②
小指を立て、たずねる表情で指先をアゴに2回あてる。自分がおかわりがほしいとき、希望するときに使う。

いただきます

お願いします
手を顔の前で軽く倒す（「頼む」の意味も表わす）。

結構です

いえいえ
手を左右に振る。

6W1Hの表現

What（何）／これは何？

①

これ

対象を指差す。

②

何？

人差し指を立て、左右に振る（たずねる表情をする）。

何時ですか？

① 時間
腕時計をイメージして指差す。

② いくつ？
親指から順に折り曲げていく。

9時10分です

① 時間
腕時計をイメージして指差す。

② 9
手の甲を相手に向け、親指は立て、それ以外の指をそろえる。

③ 10
人差し指を前に折り曲げて、手首を右にひねる。

3時30分です

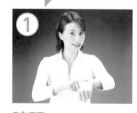
① 時間
腕時計をイメージして指差す。

② 3
人差し指、中指、薬指の3本を立てる。

③ 半分
手で物を半分に切るように、真下に下げる。

When（いつ）／いつ会える？

① 会う
人差し指を立て、こぶしを合わせる。

② いつ？
体の前で上下にした両手を、親指から順に折り曲げていく。

8月20日はどう？

① 8
親指を立て、人差し指、中指、薬指を横に伸ばす。小指は折る。

② 月
「8」の下から、右手の親指と人差し指を、三日月を描くように下げる。

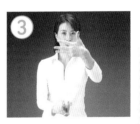

③ 20
左手の「8」はそのままで、右手で「20」を表し、"8月20日"となる。「日」は表さない。

④ いかが？
小指を立て、指先をアゴに2回あてる。

バリエーション

④ どう？
人差し指を立て、左右に振る（たずねる表情をする）。

57

待ち合わせはどこにする？

① 会う
人差し指を立て、こぶし
を合わせる。

② 場所
手をドーム状にする。

③ どこ？
人差し指を立て、左右に
振る（たずねる表情をする）。

駅の改札口でいい?

① 改札
左手は切符を表わし、右
手で切符を切るようにす
る（「駅」の意味も表わす）。

② 口
親指と人差し指で輪をつ
くり、その輪を口にあてる。

③ いかが？
小指を立て、指先をアゴ
に2回あてる。

来週の日曜日はどう？

来週
親指、人差し指、中指を伸ばして「7」をつくり、顔の横から前に出す。

唇を左から右になぞる（「赤」の意味を表わす）。

日曜日
両手のひらを下に向け、左右から合わせる（「休み」の意味を表わす）。

どう？
小指を立て、指先をアゴに2回あてる（「かまわない」と同じ形）。

あなたに任せる

任せる
右肩に乗せた手を前に出す。

喫茶店に午後 2 時はどう？

喫茶店

左手でコップをつくり、右手はスプーンでかき混ぜる動作をする。「コーヒー」の意味。

手をドーム状にする。「場所」の意味。(「コーヒー」＋「場所」で「喫茶店」の意)。

午後

人差し指と中指を立てて顔の前に置き、そのまま左側に倒す。

時間

腕時計をイメージして指差す。

2

人差し指と中指を立て、数字の「2」を示す。

いい？

小指を立て、指先をアゴに 2 回あてる (たずねる表情をする)。

Where（どこ）／どこに行きたい？

行く
人差し指を下に向け、前に出す。

希望
親指と人差し指を閉じながら下げる（「好き」と同じ手話）。

場所
手をドーム状にする。

何?
人差し指を立て、左右に振る（「場所」＋「何」と表わせば、よりはっきり「どこ?」となる）。

温泉に行きたい

温泉
温泉マークのイメージで、右手の3本の指をゆらす。

行く
人差し指を下に向け、前に出す。

〜したい
親指と人差し指を閉じながら下げる（「好き」と同じ手話）。

61

アメリカ

右手の指を開き、上下にうねらせながら右側に移動させる（星条旗のイメージで）。

行く

人差し指を下に向け、前に出す。

〜したい

人差し指と親指を閉じながら下げる（「好き」と同じ手話）。

ONE POINT ADVICE

感情を表わす「好き」の手話で、希望の意味も表現できる

「好き」という手話は、感情を表現する手話ですが、会話の流れにより"希望する"という意味にも使えます。

コーヒーと紅茶のどちらかを選ぶ場合などは、「紅茶」+「好き」で、「紅茶のほうがいい」という希望を表現できます。

どこに行くの？

行く
人差し指を下に向け、前に出す。

何？
人差し指を立て、左右に振る。

買い物に行きます

バリエーション

買い物
親指と人差し指を閉じて輪（お金）をつくり、胸の前で2回前後させる。両手でお金をつくり、交互に前後させてもよい。

行く
人差し指を下に向け、前に出す。

買う
右手で「お金」をつくり、前に出しながら、左手を手前に引く。

実家に帰ります

生まれる
両手をお腹の前に置き、甲側から開きながら前に出す。

場所
手をドーム状にする。

帰る
親指と他の4本の指を閉じながら前に出す。

63

トイレはどこですか？

① 化粧室
両手をこすり合わせ、手を洗う動作をする。

② どこ？
人差し指を立て、左右に振る。

バリエーション

① トイレ
親指と人差し指で「C」をつくり、残りの3本の指で「W」を表わす。

あちらです

① 指で差す
トイレのある方向を指す。

② 手による表現
トイレのある方向を示す。

2階です

2階
漢数字の「二」を上げる（自分が2階よりも下の階にいる場合）。

2階
漢数字の「二」を下げる（自分が2階よりも上の階にいる場合）。

Who（だれ）
あの人はだれ？

母です

だれ
右手の甲側で、ほほを軽くたたく。

お母さん
人差し指をほほにあて、離しながら小指
だけを立てる。

ONE POINT ADVICE

「空書（くうしょ）」とは、
人差し指で空中に文字や数字などを書くこと

「空書」は、自分の知らない手話や言葉などを、相手に伝える場合には、筆談（実際に紙などに文字を書く方法）、読話（口話・言葉を口の形や動きから読み取る方法）などとならぶ、大切なコミュニケーションツールの１つです。

相手から見ると、鏡文字になりますが、自分から見た方向で書きます。わざわざ裏返して書く必要はありません。

また、「空書」は年配の方が使うことが多いようです。

65

どんな人ですか？

性格
人差し指で、左手の甲を手前になぞるように上げる。

何？
人差し指を立て、左右に振る。

やさしい人よ

やさしい
両手を胸の前あたりに置き、親指と他の4本の指ではさむように2回ほど閉じる。

対象者を指す
この場合、お母さんの方を指す。指差さずに視線を対象者に向けるだけでもよい。

66

Why（どうして）／昨日休んだのはなぜ？

昨日
顔の横あたりから、人差し指を後ろに倒す。

休む
両手を下に向け、左右から合わせる。

理由？
右手の人差し指を、左手の下にくぐらせる。

風邪をひいちゃって

風邪
口の前で手を握り、軽く前後させる（せきをする動作）。

私
人差し指で自分の胸の中心を指差す。

どうして会社を辞めたの？

会社
両手の人差し指と中指を
立てて頭の横に置き、交
互に前後させる。

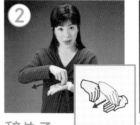

辞める
左手のひらに、すぼめた
右手を置き、すべらせな
がら手前に引く。

理由？
右手の人差し指を、左手
の下にくぐらせる。

結婚するので退社します

仕事
両手を中央に向
け2回動かす(書
類を集めるイ
メージで)。

結婚
小指と親指を、
引き合わせるよ
うにつける。

～のため
右手の人差し指
を、筒状にした
左手の指先につ
ける。

辞める
左手のひらに、
すぼめた右手を
置き、すべらせな
がら手前に引く。

どうして遅刻したの？

時間
腕時計をイメージして指差す。

遅れる
人差し指と親指を立て、弧を描くよう左から右に移動させる(「ゆっくり」の意味も表わす)。

理由？
右手の人差し指を、左手の下にくぐらせる。

電車が遅れました

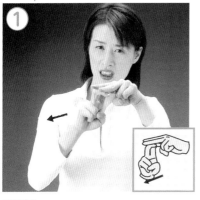

電車
左手の人差し指と中指の下に、カギ型にした右手の人差し指と中指をつけ、左から右にすべらせるように動かす。

遅い
人差し指と親指を立て、弧を描くよう左から右に移動させる (「ゆっくり」の意味も表わす)。

道が混んでいました

① 渋滞
親指と他の4本の指で「コ」の字型(車)をつくり、左手を前、右手を後ろにして体の前に置く。

②
右手だけ手前に引いてくる(手の引き方で、混み具合を表現する)。

会議がのびました

① 会議
親指を立て、こぶしを2回合わせる。

②　**③ 時間がずれる**
輪にした親指と人差し指を、時計の12時と6時の位置に置き、
それぞれを、9時と3時の方向に移動させる。

バリエーション　会議が長い

① 会議
親指を立て、こぶしを2回合わせる。

② 長い
輪にした親指と人差し指を、左右に引き離す(時間がのびているイメージで)。

Which（どちら）／どっちがいい？

① 好き
親指と人差し指を閉じながら下げる。

② どっち？
両手の人差し指を、交互に上下させる。

どっちがいい？

どっちでもいいよ

どっち
両手の人差し指を、交互に上下させる。

いい
小指を立て、指先をアゴに2回あてる。

両方
人差し指と中指を左右に振る。

どっちも好き

両方
人差し指と中指を立て、左右に振る。

好き
親指と人差し指を、閉じながら下げる。

こっちがいいです

バリエーション

好きなほうを指す
対象を指差す。

希望
左手で好きなほうを指しながら、右手の親指と人差し指を閉じながら下げる。

コーヒー、紅茶、どっちにする？

① **コーヒー**
左手でコップをつくり、右手はスプーンでかき混ぜる動作をする。

② **紅茶**
左手でカップをつくり、右手はティーバッグをつまみ上下させる動作をする。

③ **どっち？**
両手の人差し指を、交互に上下させる。

コーヒーにします①

① **コーヒー**
左手でコップをつくり、右手はスプーンでかき混ぜる動作をする。

② **希望**
親指と人差し指を、閉じながら下げる。

バリエーション

コーヒーにします②
うなずきながら「コーヒー」の表現をする。

迷っています

迷う
両手を左右にゆらす。

How(いくつ)／これはいくらですか？

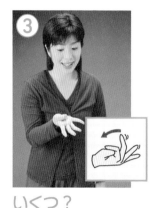

これ
対象物を指差す。

お金
親指と人差し指を閉じて輪（お金）をつくる。

いくつ？
親指から順に折り曲げていく。

高いなあ、安くできませんか？

高い
「お金」の手話をつくったまま上げる。

安い
「お金」の手話をつくったまま下げる。

〜できない？
親指と人差し指で、ほほを軽くつまみ、お願いする表情をする（「難しい」「無理」と同じ）。

これを買います

これ
対象物を指差す。

買う
右手の親指と人差し指で輪（お金）をつくり、前に出しながら、左手を引く。

決める
人差し指と中指を伸ばし、左手のひらを軽くたたく。

これをひとつください

これ
対象物を指差す。

ひとつ
人差し指を立て、指の腹を相手に向ける。

75

Part2

状況別の手話

自己紹介

お名前は何ですか？

  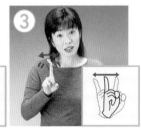

あなた
相手をやさしく指差す（手話では相手を指差しても失礼にはならない）。

名前
右手の親指の腹を、左手のひらに拇印（ぼいん）を押すようにあてる。

何？
人差し指を立て、左右に振る（たずねる表情をする）。

私の名前は矢野です〜

私
人差し指で自分の胸の中心を指差す。

名前
右手の親指の腹を、左手のひらに拇印（ぼいん）を押すようにあてる。

矢

親指と小指を立て、指文字の「や」を表わす。

野

人差し指でカタカナの「ノ」を空書し、指文字の「の」を表わす。

言う

人差し指を口にあて前に出す。

～よろしくお願いいたします

よろしくお願いします

握った手を鼻にあて軽く前に出しながら（「よい」という手話）、

手を開き、頼むようにして前に出す（「頼む」という手話）。①と②は一連の流れで表す。

おいくつですか？

① 歳
アゴの下で、親指から順に折り曲げる。

② いくつ？
親指から順に折り曲げていく。

20 歳です

① 私
人差し指で自分の胸の中心を指差す。

② 歳
アゴの下で、親指から順に折り曲げる。

③ 20
人差し指と中指を折り曲げる（年齢を聞かれているので「年」はなくてもよい）。

60 歳です

① 私
人差し指で自分の胸の中心を指差す。

② 60
親指と人差し指を曲げる（年齢を聞かれているので「年」はなくてもよい）。

80

出身はどちらですか？

①

②

③

生まれる
両手をお腹の前に置き、甲側から開きながら前に出す。

場所
手をドーム状にする。

何？
人差し指を立て、左右に振る（たずねる表情をする）。

北海道です

①　②

北海道

両手の人差し指と中指をそろえて前に置き、ひし形を描く。　（北海道の形を表現）。

81

誕生日はいつですか？

①

生まれる
両手をお腹の前に置き甲側から開きながら前に出す。

②

日
左手の人差し指を立て、右手の3本の指を合わせ、漢字の「日」をつくる。

③

いつ？
親指から順に折り曲げていく。

昭和50年9月4日です

①

昭和
親指と人差し指を首にあてる。

②

50
親指を折り曲げる。

③

9
親指は立て、それ以外の指はそろえる。

④

月
右手の親指と人差し指をつけ、9の下から三日月を描くように下げる。

⑤

4
左手の9はそのままで、右手で4を表し9月4日となる。「日」はなくてよい。

82

血液型は何型ですか？

血
指文字の「ち」をつくり、左腕の関節あたりから甲までスッとなぞる。

何？
人差し指を立て、左右に振る（たずねる表情をする）。

バリエーション

血
人差し指で左腕をなぞる（血が流れているイメージで）。

A（B、O、AB）型です

A
左手の人差し指に、右手の親指と人差し指をつけ、「A」の形をつくる。

B
左手の人差し指に、右手の人差し指、中指、薬指をつけ「B」の形をつくる。

O
手を筒状にして、「O」の形をつくる。
＊AB型はA＋Bで表わす。

83

干支は何ですか？

動物（＋指文字「え」＋「と」）

両手の親指、人差し指、中指を下に向けて伸ばし、そのまま前に出した後、指文字で「えと」と表現する。

え　　と

何？

人差し指を立て、左右に振る。

あなたの職業は何ですか？

仕事

両手を中央に向け2回動かす（書類を集めるイメージで）。

何？

人差し指を立て、左右に振る（たずねる表情をする）。

小学校の先生です

小

左手の人差し指を、右手の人差し指と中指ではさみ、漢字の「小」をつくる。

学校

両手のひらを自分に向け、前に軽く出す（「学校」＝「勉強」を表現する）。

先生

人差し指を、相手に向けて2回振る。「教える」の意味もある。

84

何人家族ですか？

家
屋根の形をつくる。

家族
左手の屋根を残し、その下で右手の親指と小指を立てて振る（「人々」の意味を表わす）。

いくつ？
親指から順に折り曲げていく（たずねる表情をする）。

4人家族です

※動画はバリエーションも含む

4人
左手の親指以外の指を立てて「4」を表わし、右手の人差し指で、「人」の文字を空書する。

バリエーション

4人
右手の親指以外の指を立てて「4」を表わし、右手の「4」で「人」の文字を描く。

85

父は会社員です

父
人差し指をほほにあて、離しながら親指だけを立てる。

会社
両手の人差し指と中指を立てて頭の横に置き、交互に前後させる。

員
親指と人差し指を閉じ、左の胸元にあてる（襟元のバッジを表現する）。

弟は中学2年生です

弟
中指を下げる。

中
左の親指と人差し指を横にし、右手の人差し指を後ろからあて、「中」をつくる。

2
人差し指と中指を横に出す。

私は大学3年生です

私
人差し指で自分の胸の中心を指差す。

大学
帽子のつばをつまむように、両手の親指と人差し指を、前後、左右とつまむ。

3
人差し指、中指、薬指を横に出す。

天 気

今日はよい天気ですね

今
両手のひらを下にし、軽くおさえる（「現在」の意味も表わす）。

天気
顔は空を見上げ、手で空をあおぐように移動させる。

よい
手を握り、鼻先にあて前に出す。

夕方から雨が降るらしいよ

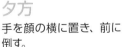

夕方
手を顔の横に置き、前に倒す。

雨
両手の指をだらりと下に向け、2〜3回上下させる（雨が降っているイメージで）。

らしい
人差し指と中指を立て、チョン、チョンと下げる。

今日は寒いです

今日
手のひらを下にし、軽くおさえる（「現在」の意味も表わす）。

寒い
両手を握り、寒さに震えるように小刻みに動かす（「冬」「冷たい」の意味も表わす）。

早く春になってほしいね

早く
右手の親指と人差し指をつけ、左側にパッと開く。

春
両手を手前にすくい上げる（「暖かい」の意味も表わす）。

よい
握った手を鼻にあてて軽く前に出す。

どの季節が好きですか？

季節
「四」を出した左手の横で、右手の人差し指と中指を、反転させながら下げる。

好き？
親指と人差し指を、閉じながら下げる。

何?
人差し指を左右に振る。

秋が好きです

秋
手のひらを自分に向けて、顔をあおぐようにする（「秋」＝「涼しい」の意味も表わす）。

好き
親指と人差し指を、閉じながら下げる。

夏が好きです

夏
うちわを持って、あおぐように動かす。「暑い」の意味も。

好き
親指と人差し指を、閉じながら下げる。

趣 味

あなたの趣味は何？

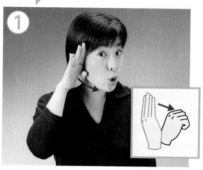

趣味
手のひらを、耳の下からアゴにかけて、握りながら下ろす。

何？
人差し指を立て、左右に振る（たずねる表情をする）。

テニスです

私も

テニス
右手を握り、ラケットを振るよう左右に動かす。

同じ
手を前後に置き、親指と人差し指を同時に閉じる。

今度いっしょにやらない？

今度
手のひらを前に向けて顔の横に置き、そのまま前に出す。

いっしょ
人差し指を、左右から引き合わせる。

いい？
手を握り、鼻先にあて前に出す（下の「かまわない」で表わしてもよい）。

そうしよう

かまわない
小指を立て、指先をアゴに2回あてる（「同意」の意味を表わす）。

バリエーション

やる
両手を握り、少し前に出す。

91

映画鑑賞です

映画
両手の指を軽く開き、手の甲を相手に向け、顔の前で交互に上下させる。(スクリーンが動いているイメージで)。

どういう映画が好きなの？

①

映画
両手の指を軽く開き、手の甲を相手に向け、顔の前で交互に上下させる。

②

内容
左手で囲いをつくり、その中を右手で回しながら指す。

③

好き？
親指と人差し指を閉じながら下げる。

④

何
人差し指を立て、左右に振る。

92

SF が好きです

S

人差し指で、自分側から
「S」を描く。

F

左手の人差し指に、右手
の人差し指と中指をつけ、
「F」をつくる。

好き

親指と人差し指を、閉じ
ながら下げる。

字幕があるから楽しめます

字幕

右手の親指と人差し指で
左手の甲を指差す。

ある

手を軽く置く。

楽しい

両手を胸の前で、交互に
上下させる。

水泳に通っています

水泳
人差し指と中指をバタ足させ、泳ぐように動かす。

通う
親指を立てた手を、前後に動かす。

上達した？

技術
右手の人差し指と中指で、左の手首のあたりを軽くたたく（人差し指だけでもよい）。

伸びた？
左手の甲から、右手を斜めに上げる。

なかなかうまくならなくて

私
人差し指で自分の胸の中心を指差す。

まだまだ
左手を前に向け、右手の指先を、左手に向けて2回上下させる。

買い物

洋服売り場はどこですか？

服
両手の親指と人差し指で
自分の洋服をつまむ（つ
まむしぐさだけでもよい）。

売り場
右手で「お金」をつくり、
前に出しながら、左手を
引く（「買う」と同じ手話）。

手をドーム状にして、「場
所」の手話をする。

どこ？
人差し指を立て、2回左
右に振る（たずねる表情
をする）。

4 階です

4 階
右手で漢数字の「四」をつ
くり、弧を描くように上げる。

ある
手を軽く置く（ここでは4
階のほうにする）。

95

試着してもいい？

着る
肩から服を羽織るように両手を胸の前に持ってくる。

試す
人差し指で、目の下を2回たたく。

いい？
小指を立て、指先をアゴに2回あてる（たずねる表情をする）。

いいわよ

かまわない
小指を立て、アゴに2回あてる。

もうひとつ上のサイズある？

ちょっと
親指と人差し指を伸ばし、指先に少しだけすき間をつくる。

大きい
体の前で両手を左右に広げる。

ある？
手を軽く置く（たずねる表情をする）。

下のサイズある？

クツが大きい、小さい

小さい
両手を開き、幅をせまくする。

クツ
左手は足を表わし、左手首を右手の親指と人差し指でこするように上げる。

（クツが）大きい
両手の親指と人差し指で、楕円形（クツを表現）をつくり、離す。

（クツが）小さい
両手の親指と人差し指を近づける。

足が痛い

足
左手は足を表わし、そこを指す。

痛い
痛そうな表情をしながら、わしづかみするように右手の指を折り曲げる。

97

これはいくら？

これ
対象物を指す（この場合は試着しているところなので、服をつまんでいる）。

お金
親指と人差し指で輪をつくる。

いくつ？
親指から順に折り曲げていく。

5000 円です

5000
数字の「5」で漢字の「千」を書く。

円
親指と人差し指でコの字をつくり、左から右に移動させる(お札を表現する)。

カードは使えますか?

カード
親指と人差し指でコの字型をつくり、前に出す（カードを持っているイメージで）。

使う
左手の上で輪をつくり、親指と人差し指を、こすりながら前に出す。

大丈夫？
そろえた指先を、肩から肩に移動する。

バリエーション

タッチ式のカードは使えますか?

差し込み式のカードは使えますか?

大丈夫です

バリエーション

カード使えます

※動画では「カード OK！」と表示しています

大丈夫
そろえた指先を、肩から肩に移動させる。（自信を持ってする）。

99

食事

食べ物で好きなのは何?

食べる
左手は皿を表わし、右手でつくった箸で、食べる動作をする。

好き
親指と人差し指を、閉じながら下げる。

何?
人差し指を立て、左右に振る(たずねる表情をする)。

お寿司とハンバーグです

私
人差し指で自分の胸の中心を指差す。

寿司
寿司を握る動作をする。

ハンバーグ
両手で、ハンバーグのタネの空気を抜く動作をする。

私は中華が好きです

私

人差し指で自分の胸の中心を指差す。

中華

親指と人差し指で、矢印の方向に移動する（中国服を表わす）。

好き

親指と人差し指を、閉じながら下げる。

ONE POINT ADVICE

同じ動作だけれど意味が異なる「好き」と「幸せ」の違い

一見同じように見えるけど、違う手話があります。「好き」と「幸せ」の手話もそのひとつで、両方とも指の本数以外は、ほとんど同じ動きですから、手話を覚えはじめのころには、間違えないように注意しましょう。

「好き」という手話は、右手の親指と人差し指でアゴの下（のどのあたり）をはさむようにし、指を閉じながら下げます。

「幸せ」という手話も、アゴを下からはさむようにし、指を閉じながら下げる動作は同じですが、人差し指、中指、薬指、小指をそろえて伸ばし、すべての指を使ってアゴをはさむようにします。

また、両方とも感情を表現する手話なので、表情や動作を大きく行なったり、2回、3回と同じ動作をすることで、感情の度合いを表わすことができます。

好き

幸せ

101

レストラン

何名様ですか？

※動画はバリエーションも含む。

2名です

2人
人差し指と中指を立て、「2」を表わす。

バリエーション

2人
数字の「2」をつくり（甲はどちらを向けてもよい）、右手で漢字の「人」を書く。

2人
数字の「2」で、「人」を書く。

喫煙場所はありますか?

たばこ
たばこを喫うしぐさをする。

場所
手をドーム状にして、「場所」の手話。

希望
親指と人差し指を、閉じながら下げる。

メニューをください

メニュー
両手を重ね、右手を横に　四角形を描く。
ずらす。

ちょうだい
左手に右手を重ね、2回たたく(「求める」「～を下さい」の意味も表わす)。

103

おすすめは何？

すすめる
親指を右手のひらで、2回押す。

何？
人差し指を立て、左右に振る（たずねる表情をする）。

スパゲティです

スパゲティ
3本の指はフォークを表わし、スパゲティをからめるようにひねる。

おすすめ
親指を右手のひらで2回押す。

お会計をお願いします

会計

右手の指先で左手のひらの上をスッと移動させる（ソロバンの玉をそろえるように）。「計算」の意味。

お願い

右手を頼むように前に出す（勘定を頼む方向に出すとよい）。

バリエーション　お会計しましょうか？

会計

右手の指先で左手のひらの上をスッと移動させる（ソロバンの玉をそろえるように）。「計算」の意味。

する？

両手を握り、少し前に出す（同意を求めるような表情で表わす）。

病 気

顔色が悪いけど、どうかしたの？

顔色
人差し指で、顔の輪かくをなぞるように円を描く。

悪い
人差し指で、鼻をかすめるように倒す。

どうしたの？
人差し指を立て、左右に振る（心配そうな表情をする）。

お腹が痛いんです

腹
自分のお腹に手をあてる（体の部分を表現する場合は、実際にその部分に手をあてるか、指差せばよい）。

痛い
わしづかみするように指を折り曲げる動作を繰り返す。または、痛そうに振る（この時痛い部分のそばで手話を行なう）。

気分が悪いのです

気分
手のひらを自分の胸にあて、上下にこする。

悪い
両手の指の背を合わせ、こするように上下させる（「体の調子が悪い、気分がすぐれない時」の手話）。

バリエーション

気分
手のひらを自分の胸にあて、上下にこする。

悪い
人差し指で、鼻をかすめるように倒す。

気分
手のひらを自分の胸にあて、上下にこする。

悪い
両手を閉じながら、指の背を合わせる（「意気消沈」「気分が沈む」の意味も表わす）。

早く家に帰って寝たほうがいいよ

早く
右手の親指と人差し指をつけ、左側に
パッと開く。

帰る
指を閉じながら、前に出す（人影がだん
だんと小さくなるイメージで）。

寝る
手を握り、枕に頭をつけるように首を傾
ける。

よい
手を握り、鼻先にあて前に出す。

病院に行ったほうがいいよ

病院

脈を計るように、手首に指先をあてる（人差し指と中指の2本でも、親指以外の4本の指でもどちらでもよい）。

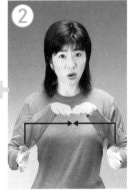

四角い建物を表現する（「建物」の意味）。

行く

人差し指を下に向け、前に出す。

よい

手を握り、鼻先にあて前に出す。

バリエーション

医者

人差し指と中指を、脈を計るように手首にあててから、親指を立てる（女医なら小指を立てる）。

109

歯が痛い

① 歯
人差し指で歯を指す。

② 痛い
わしづかみするように指を折り曲げる。または、痛そうに振る。

歯医者さんに行ったら?

① 歯
人差し指で歯を指す。

病院
脈を計るように、手首に指先をあてる（人差し指と中指の2本でも、親指以外の4本の指でもどちらでもよい）。

四角い建物を表す（「歯」＋「病院」で「歯科医院」となる）。

④ 行く
人差し指を下に向け、前に出す。

⑤ よい
手を握り、鼻先にあて前に出す。

トラブル

何を探しているの？

探す
親指と人差し指で輪をつくり、顔の前でグルグルと円を描きながら移動させる。

何?
人差し指を立て、左右に振る。

財布を落としちゃった

お金
親指と人差し指で輪（硬貨）をつくる。

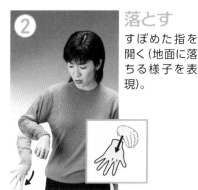

落とす
すぼめた指を開く（地面に落ちる様子を表現）。

111

いっしょに探すよ

いっしょ
人差し指を、左右から引き合わせる。

探す
親指と人差し指で輪をつくり、顔の前で
グルグルと円を描きながら移動させる。

交番に届けたほうがいいよ

交番
親指と人差し指を折り曲
げ、額にあてる「警察」
を表わす。

申し込む
左手の上に、右手の人差
し指を乗せ、両手とも前
に出す。

よい
手を握り、鼻先にあて前
に出す。

交 通

このバスは上野公園に行きますか？

上野

手を握り鼻先にあて、ゾウの鼻のように手首を下にひねる（「ゾウ」の手話）。

公園

人差し指で「ハ」をつくり、その下に「ム」を空書して、漢字の「公」を表わす。

手をドーム状にする（「場所」の手話をする）。

行く

人差し指を下に向け、前に出す。

バス

両手の親指と人差し指を立て、そのまま前に出す。

これ？

対象を見ながら指す。

そうです

① そう
親指と人差し指を伸ばす。

② 指を何度か閉じながら下げる。「同じ」、同意を表わす手話。

渋谷に行きたいのだけど、どの電車に乗ればいいの？

① **②** 渋谷
指を折り曲げ、口のまわりをグルリと回す（「渋い」の手話）。　両手で「谷」を表わす。

③ 行く
人差し指を下に向け、前に出す。

④ 電車
左手の人差し指と中指の下に、カギ型にした右手の人差し指と中指をつけ、左から右にすべらせるように動かす。

⑤ どれ？
人差し指を立て、左右に振る（たずねる表情をする）。

114

どの駅で乗り換えたらいいの？

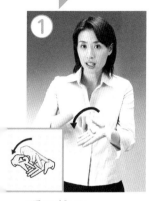

乗り換え
左手の上で、右手の人差し指と中指をひっくり返す。

よい
手を握り、前に出す。

どこ?
人差し指を立て、左右に振る。

地下鉄の銀座駅です

地下鉄
右手を左手の下にくぐらせる（左手の地面の下を通るイメージで）。

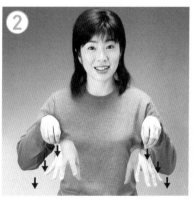

銀座
すぼめた両手を開く動作を、前に出しながら3回する。「銀座」の手話。（駅名を答える場合は「地名＋駅」の手話で表現）。

115

道を聞く

郵便局はどこですか？

郵便局
左手の人差し指と中指を
横にし、右手の人差し指を
つけ、「郵便記号」をつくる。

右手をドーム状にする。
（「郵便」＋「場」で郵便
局を表現する）。

どこ？
人差し指を立て、左右に
振る（たずねる表情をする）。

この道をまっすぐ行くとあるよ

この道
対象を指差す（この場合
は自分が立っている道を
指せばよい）。

まっすぐ
開いた手を前に出す。

ある
手を軽く置く。

2番目の角を左に曲がるとあるよ

2
人差し指と中指で「2」をつくる。

番目
人差し指で目の下を差す。

角
人差し指を交差させ、十文字をつくる。

左
左ヒジを引く。

ある
引いた左ヒジのあたりに、手のひらを軽くあてる。

117

歩く
人差し指と中指を足に見立てて、歩くように前に出す。

時間
腕時計をイメージして指差す。

いくつ？
親指から順に折り曲げていく。

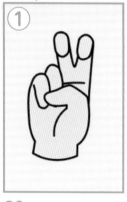

20
人差し指と中指を曲げて、数字の「20」をつくる。（「20」を手首をひねるように内側から前に動かすと「~分」の意味になる）。

分
左手で「20」をつくったまま、右手の人差し指をチョンと払う。分の記号「′」を表わす。

くらい
指先を前に向け、左右に2回ほど振る。

Part3

手話
単語集

A

手を握り、親指を外に出す（指文字の「あ」と同じ手話）。

B

手のひらを相手に向けて、親指を内側に曲げる。

C

親指と他の4本の指を軽く曲げ、相手から「C」に見えるようにする。

D

指先を閉じて輪をつくり、人差し指を立てて「d」をつくる。

E

4本の指を第2関節で折り、親指も内側に折り曲げる（指文字の「え」と同じ手話）。

F

親指と人差し指をつまむようにする。他の指は開く。

G

親指と人差し指は並行に横向きに伸ばし、残りの指は握る。手の甲側を相手に見せる。

H

手を握り、人差し指と中指を伸ばし、手の甲が前向きになるよう横に向ける。

I

手を握り、小指を立てる（指文字の「い」と同じ手話）。

J

手を握り、小指を立て、指先で「J」を空書する。

K

人差し指を立て、親指を中指の第2関節につける（指文字「か」と同じ）。

L

親指と人差し指を伸ばし、相手から「L」に見えるようにする。

M

手を握り、親指を薬指と小指の間から出す。

N

手を握り、親指を中指と薬指の間から出す。

O

丸めた手で「O」をつくる（指文字の「お」と同じ手話）。

P

「K」を下に向ける。親指は中指の第1関節につける。

Q

「G」の形で親指と人差し指を平行に下に向ける。

R

人差し指に中指をからませ、「r」をつくる（指文字の「ら」と同じ手話）。

S

手を握る。親指は外に（指文字の「さ」と同じ手話）。

T

手を握り、親指を人差し指と中指の間から出す。

U

人差し指と中指をそろえて立てる（指文字の「う」と同じ手話）。

V

人差し指と中指でVサインをつくる。

W

人差し指、中指、薬指を開いて立て「W」をつくる（指文字の「わ」と同じ）。

X

手を握り、人差し指をカギ型に曲げる（指文字の「ぬ」と同じ形）。

Y

親指と小指を伸ばし、「Y」をつくる（指文字の「や」と同じ手話）。

Z

人差し指で、自分から見えるように「Z」を空書する。

日本で使用されているアルファベットです。最近はアメリカ式もいます。目の前の人から学び、引き出しを増やしてください。

A

斜めにした左手の人差し指に、右手の親指と人差し指を当て「A」の形をつくる。

B

立てた左手の人差し指に、右手の人差し指・中指・薬指の指先を当て「B」の形をつくる。

C

親指と人差し指で「C」の形をつくる。アメリカ式「C」を使用する人もいる。

D

立てた左手の人差し指に、右手の親指と人差し指で半円を描くように当て「D」の形をつくる。

E

立てた左手の人差し指に、右手の人差し指・中指・薬指を当て「E」の形をつくる。

F

立てた左手の人差し指に、右手の人差し指と中指を当て「F」の形をつくる。

G

「C」の形にした左手の親指に、右手の人差し指を掛け「G」の形をつくる。

H

立てた左手の人差し指に、右手の人差し指を当て親指は立てて「H」の形をつくる。

I

人差し指で「I」を描く。アメリカ式「I」を使用する人もいる（指文字の「い」と同じ）。

J

右手の小指で「J」と描く。

K

立てた左手の人差し指に、右手の人差し指で「K」となるように描く。

L

伸ばした親指と人差し指で「L」の形をつくる。人差し指が上。

M

人差し指・中指・薬指を下に向ける。指文字の「ま」と同じ。

のアルファベットを使用する人も増えていますが、日本式がまだ多く使われています。表わし方も、別の表現をする方

N

立てた左手の人差し指の指先に、右手の伸ばした2指の親指を当て「N」の形をつくる。

O

丸をつくり「O」の形にする。指文字「お」と同じ。

P

立てた左手の人差し指に、右手のすぼめた親指と人差し指を当て「P」の形を描く。

Q

右手の人差し指で「Q」と描く。

R

立てた左手の人差し指に、右手の人差し指で「R」となるように描く。

S

右手の人差し指で「S」と描く。

T

立てた左手の人差し指に、横にした右手の人差し指をのせ「T」の形をつくる。左右の手が逆でも可。

U

右手の人差し指で「U」と描く。

V

人差し指と中指をひろげ「V」の形をつくる。

W

両手の親指と人差し指で「W」をつくる。アメリカ式「W」を使用する人もいる。

X

両手の人差し指を交差させ「X」にする。

Y

右手の人差し指で「Y」と描く。アメリカ式「Y」を使用する人もいる（指文字「や」と同じ）。

Z

右手の人差し指で「Z」と描く。

月曜日

親指と人差し指をつけ、三日月を描くように指先を開きながら下げる。

火曜日（「赤」+「火」）

唇を左から右になぞる（「赤」を表現）。

手をひねりながら上げる（火が燃え上がるイメージで）。

金曜日

親指と人差し指を閉じて輪（お金）をつくり、軽く振る。

土曜日

土をパラッと落とすように指先をこすり合わせる。

祝日

親指をからませ、旗がたなびくようにパタパタと動かす。

日曜日（「赤」+「休み」）

唇を左から右になぞる（「赤」を表現）。

両手を下に向け、左右から合わせる。

元旦

左手を上にして、弧を描くように引き寄せ、漢数字の「一」を表わす。

成人の日（「大人」+「日」）

肩から両手を引き上げる。

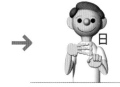

左手の人差し指に、右手の3本の指をつけ、漢字の「日」をつくる。

干支

指文字の「え」+「と」。

午前

「正午」の手話を右に倒す（12時より前の意味を表わす）。

午後

「正午」の手話を左に倒す（12時より先の意味を表わす）。

正午

右手の人差し指と中指を立て、顔の中心に置き、長針と短針が重なる12時を表現する。

夕方

右手を顔の横に置き、弧を描くように下ろす。

休憩

両手を中央に引き寄せて交差させ、元の位置に戻す。

ひま

両手を上に向けながら左右に開く。

退屈

右手の中指を軽く折り曲げ、頭の横を軽くたたく。

1秒

左手の人差し指を立て、数字の「1」をつくる。

右手の人差し指と中指でひっかくように「秒」の記号「"」を描く。

1時間

左手首の上で、数字の「1」をつくり、円を描くように回す（「2」ですると2時間となる）。

両手を体の前に置く（「間・あいだ」の意味を表わす）。

徹夜

丸めた親指と人差し指（太陽を表わす）を、横にした左手（地平線をイメージ）の下を手前から向こう側にくぐらせ1周させる。太陽が登っては沈む様子を繰り返す。

子（ね）

人差し指と中指を口の前に置き、ネズミの歯を表わす。

丑（うし）

親指と人差し指で、牛のつのを表わす。

寅（とら）

両手を開き、顔にそわせる（トラのシマ模様をイメージ）。

卯（う）

両手を後ろに向ける（ウサギの耳をイメージ）。

辰（たつ）

龍のヒゲをイメージして、両手の親指と人差し指を閉じ、前に出す。

巳（み）

親指はヘビの頭をイメージし、くねらせながら前に出す。

午（うま）

両手の人差し指を、馬の手綱を引くイメージで2回振る。

未（ひつじ）

人差し指を立て頭の両脇でうずを巻くように回す（羊のつのをイメージ）。

申（さる）

サルが毛づくろいをするように、左手の甲を右手でかく。

酉（とり）

鳥の口ばしのように、親指と人差し指をつける。

戌（いぬ）

両手を頭の上に置き、指を前に倒す（耳がたれたイヌをイメージ）。

亥（い）

人差し指で猪のキバをつくり、口元に置く。

126

スポーツ(a)

両手を握り、2回胸をたたく。

スポーツ(b)

両手を開き、指先を前に向け、交互に回す。

音楽

両手の人差し指を立て、指揮棒を振るように左右に振る。

読書

体の前で両手のひらを合わせ、本を開くように左右に開く（「本」の意味を表わす）。

右手の人差し指と中指を伸ばし、文字を追うように左手のひらを上下になぞる。

旅行

右手の人差し指と中指を伸ばし、左手のひらの横で、円を描くように前に回す（汽車のイメージで）。

陶芸

両手の親指と他の4本の指ではさむ動作をする（土をこねて器をつくっているイメージで）。

編み物

両手の人差し指で編み棒を表わし、編み物をしているように動かす。

ピアノ

両手でピアノのけん盤を弾くように指を動かす。

ギター

左手は握り、右手は親指と人差し指を閉じ、ギターを弾くように上下させる。

ダイビング

右手の人差し指と中指を立て、指を前後させながら下げる（「泳ぐ」を潜るように下向きに行なう）。

ダンス

左手のひらの上で、右手の人差し指と中指を下に向け、踊っているように振る。

茶道

左手のひらの上で、茶碗を回すように右手を動かす。

華道

右手の親指と他の4本の指で、花の茎をはさむようにする。

剣山に花を生ける動作をし、左手でも同じ動作をする。

剣道

両手の人差し指を伸ばし、左手の人差し指を右手で握り、竹刀を振り下ろすように動かす。

柔道

両手を握り、一本背負いをするように、両手を振り下ろす。

将棋

右手の人差し指と中指を伸ばし、駒を進めるように前に出す。

囲碁

右手の人差し指と中指を伸ばし、碁をさすように、指先を下げる。

ボランティア

人差し指を伸ばした両手を、中央で引き合わせる（「いっしょ」「共に」の意味も表わす）。

両手の人差し指と中指を下に向け、歩くように指を前後させ、両手を前に出す。

仕事

両手のひらを上にし、中央に向け2〜3回動かす。

学校

本を読むように両手を並べて軽く前後に2回動かす（「勉強」の意味も表わす）。

介護

左手の人差し指を斜めに伸ばし、その下で右手の人差し指と中指を下げる。漢字の「介」を表わす。

FAX

左手で受話器を表わし、右手で書類を送るように前に出す。

コピー

左手のひらを上に向け、右手を閉じながら下げる。

メール

指文字「め」を手前から前に出す。メールを送る（能動態）。むこうから自分のほうに寄せると、メールをもらう（受動態）。

携帯電話

人差し指を伸ばした手を耳にあてる。

スマホ

スマホに見立てた左手のひらの上を、右手の人差し指をスクロールするように動かす。

タブレット

タブレットに見立てた左手に、右手の人差し指スクロールするようにやや大きめに動かす。

オンライン

3本指（親指人差し指中指）でビデオカメラの手話を作り、向かい合わす。

USB

両手でキーボードを打つように指を動かす「パソコン」に、

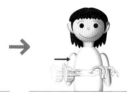

水平に開いた親指と人差し指を左方向に動かす（USBをパソコンに差し込むイメージ）。

パソコン（a）

両手でキーボードを打つように指を動かす。

パソコン（b）

左手で指文字の「ぱ」をしながら、右手でパソコンのキーボードをたたくように動かす。

インターネット

小指を伸ばした両手を上下させ、右手を縦に円を描くように回す。

今日

両手のひらを下にし、軽くおさえる（「現在」の意味も表わす）。

昨日

顔の横あたりから、人差し指を後ろに倒す。

明日

顔の横あたりから、人差し指を前に倒す。

おととい

「2」を後ろに倒す（2日過去が「おととい」になる）。

あさって

「2」を前に出す（2日未来が「あさって」になる）。

この間

顔の横に置いた手を、後ろに倒す（「過去」の意味を表わす）。

先週

「7」を後ろに倒す（7日過去なので「先週」になる）。

来週

「7」を前に出す（7日未来なので「来週」になる）。

来年

筒状にした左手は木の年輪を表わし、そこから「1」を前に出す（1年未来なので「来年」になる）。

昨年

左手で表わした年輪から、「1」を後ろに倒す（1年過去なので「昨年」になる）。

週末（a）

「7」を左手のひらにつける。

週末（b）

右手の指先を左手のひらにつける（「最後」「〜まで」の意味も表わす）。

子供の日（「子供」＋「日（a）」）

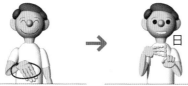

手のひらを下に向け、子供の
頭をなでるように動かす。

左手の人差し指に、右手の3
本の指をつけ、漢字の「日」
をつくる。

～の日（b）

親指と人差し指を「コ」の字
型に折り曲げる。「日」は地
域によって様々ある。

ゴールデンウィーク（a）（「5月」＋「連休」）

左手で「5」をつくり、右手の
親指と人差し指を、左手の下
から三日月を描くように下げる。

両手を下に向け、左右から合
わせる動作（休み）をしなが
ら右へ動かす。

ゴールデンウィーク（b）（「G」＋「W」）

両手でアルファベットの「G」
と「W」をつくる。

夏休み（「夏」＋「連休」）

うちわであおぐように、2回
振る（「夏」＝「暑い」）。

両手を上下に向け、左右から
合わせる動作（休み）をしな
がら右へ動かす。

冬休み（「冬」）

両手を小刻みに震わせて「冬」
の手話をする。次に「連休」
の手話をする（「冬」＝「寒い」）。

春休み（「春」）

両手を手前にすくい上げて
「春」の手話をする。次に連休
の手話をする（「春」＝「暖かい」）。

敬老の日（「老人」＋「日」）

親指を軽く曲げる。

左手の人差し指に、右手の3
本の指をつけ、漢字の「日」
をつくる。

131

母の日(「母」+「日」)

人差し指をほほにあて、離しながら小指だけを立てる。

「日」の手話をする。

父の日(「父」)

人差し指をほほにあて、離しながら親指だけを立てる「父」の手話をする。次に「日」の手話をする。

クリスマス

人差し指で「X」をつくり、斜め下に下げ「ツリー」を表現する。

サンタクロース(「ヒゲ」+「袋背負う」)

アゴヒゲをなで下ろすようにする。

両手を握り、プレゼントが入った袋を肩にかつぐようにする。

誕生日(「生まれる」+「日」)

両手をお腹の前に置き、甲側から開きながら前に出す。

「日」の手話をする。

映画

両手を、顔の前で交互に上下させる。

選挙

投票用紙を入れるイメージで、中央に向け交互に下ろす。

展覧会

両手のひらを自分に向け、ポン、ポンと左右に広げる。

指先を合わせた手を、斜めに引き下げる。

テニス

右手を握り、ラケットを振るよう左右に動かす。

サッカー

左手の親指と人差し指で輪(ボール)をつくり、右手の人差し指と中指で、ボールをけるようにする。

ゴルフ

両手でゴルフクラブを握るようにし、クラブを振る動作をする。

野球(a)

右手の人差し指で、左手の輪(ボール)を打つ。

野球(b)

両手でバットを握るようにし、体の横にかまえ、ボールを打つ動作をする。

バス停

左手の人差し指を立て、その上に右手の親指と人差し指で輪をつくる。

タクシー乗り場(a)「タクシー」+「乗る」+「場」)

人差し指と小指を立て、前に出す。

左手の人差し指と中指を横に伸ばし、右手の人差し指と中指を折り曲げて乗せる(「座る」も表わす)。

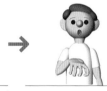

手をドーム状にする。

タクシー乗り場(b)「タクシー」+「乗る」+「場」)

指を「コ」の字型に曲げ、指先を前に出す(「車」の意味を表わす)。

「車」の手話の後に、タクシーを止めるように手を上げると「タクシー」になる。

左手の人差し指と中指の上に、右手の人差し指と中指を曲げて乗せる。

手をドーム状にする。

133

病院

脈を計るように、手首にあてる。　両手で建物の形を表わす。

うれしい

両手を胸の前で、交互に上下させる。

ドキドキ

左手を心臓の前に置き、右手の甲で左手をたたく。

幸せ

アゴをさわりながら手を閉じる動作を、2回繰り返す。

感激

軽くすぼめた手を顔にあて、小刻みにゆらしながら上げる。

ビックリ(a)

左手のひらに、右手の人差し指と中指を立て、驚いて飛び上がるように、右手を引き上げる。

ビックリ(b)

両手の指を軽く曲げて前に置き、驚いて目が飛び出るように、両手を前に出す。

愛する

左手の甲の上を、右手のひらでなでるように動かす。

恋する

心臓の前でハートの形をつくり、軽く前に出す。

ニコニコ

口の横あたりで、指先を開いたり閉じたりする。

興奮

すぼめた手を、下から上に上げる。

悲しい

親指と人差し指で涙をつくり、悲しい表情をしながらアゴのあたりまで下げる。

きびしい

左手の甲を右手の親指と人差し指でつねるようにする。

恐い

両手を小刻みに震わせる。

不幸

右手をアゴに当て、払うように前に出す（「不便」の意味も表わす）。

ギリギリ

顔の横で、右手の親指と人差し指で輪をつくり、上下させる。

大泣き

両手を折り曲げて目の下に置き、左右に動かす。涙を拭くように目をこする。

頭にくる

人差し指でこめかみを指し、前方に思いきり投げ出す。

はずかしい

 →

右手の人差し指で唇を左から右になぞる（「赤」の意味を表わす）。

右手のひらを顔の前でクルッと回し、顔が赤くなっているようすを表現する。

さびしい

親指だけ離した右手を、閉じながら左胸に寄せる。

ホッとする

人差し指と中指を、鼻のあたりから息がフッと出るように下ろす。

安心（a）

両手を胸の前に置き、お腹のあたりまでなで下ろす。

安心(b)

右手のひらを胸にあて、お腹のあたりまでなで下ろす。

最低

右手を左手のひらに向かって下げる。

最高

右手を左手のひらに向かって上げる。

緊張

指先を開いた両手を、胸の前に指先を閉じながら重ね合わせる（「気を引き締める」の意味）。

気をゆるめる

胸の前で重ねた両手を、指先を開きながら斜め下に引き下げる。

残念

右手を握り、残念そうな表情をしながら左手のひらを2回たたく。

大変

右手のこぶしで左手首のあたりをポンポンとたたく。

うらやましい

右手の人差し指を口元にあて、下げる。

苦しい

右手の指を曲げて胸の前に置き、円を描くように回す（胸がかきむしられるイメージで）。

最悪

右手を鼻先にあて、払うように左に倒す（指の本数を増やし「悪い」の手話を強調）。

もったいない

右手の指の腹で、左のほほをポンポンと軽くたたく。

キレる

こめかみの横で、右手の人差し指と中指をそろえて立て、2本の指をパッと開く。

大切（a）

左手の甲を右手のひらでなで回す。

大切（b）

右手で左のほほをなで回す。

大切（c）

左手を胸の前に置き、甲を右手のひらでなで回す（体の大切さを表現するときに使う）。

ショック

両手の指先を自分に向け、こぶしを合わせ心臓に向かって引き寄せる。

生ビール（「生ビールを飲む」）

体の前で両手を握り、少し前に出し、2回上下に動かす。「生」の意味を表す。

右手の親指と小指を伸ばしてジョッキを表わし、口に近づけて飲む動作を行なう。

ビール

左手を握り、その上に右手の人差し指と中指を乗せ、栓を抜くように引き上げる。

日本酒

両手の親指と人差し指で、日本列島を描くように引き離す。

おちょこを持つように、親指と人差し指を「c」の形にし、飲む動作をしながらおでこにもっていく。

お酒（「お酒を飲む」）

右手の指先を口の下にあてる。

その指先を額にあてる（飲んで頭が痛くなるようすを表現）。酒の意味。

おちょこを持つように、親指と人差し指を「c」の形にし、飲む動作をする。「（酒を）飲む」。

137

水（a）

右手のひらを上に向け、波打つように左から右へ移動させる。

水（b）

すくった水を飲むように、右手のひらを口の前から右ほほの横に移動させる。

お湯（a）

左手（やかんを表わす）の甲を、右手（火を表わす）の指先で軽くたたく。

お湯（b）

3本の指を立て、右手の甲を左手で覆う（「温泉」の意味も表わす）。

氷（a）

右手で氷のかたまりを持つようにし、左手のひらの上で2回ほど削るように前後させる。

氷（b）

両手を握り、小刻みにゆらす（「寒い」の手話と同じ。口型で区別する）。

氷（c）

右手のひらを自分に向け、ものをつかむように指を曲げて肩の前あたりに置き、斜めに下ろす。

レモン（a）

右手の親指と人差し指を伸ばし、アルファベットの「L」をつくる（レモンの「L」を表わす）。

レモン（b）

右手の親指と人差し指でしぼりながら、回しかけるように動かす。

ミルク（a）

右手の親指と他の4本の指で、乳をしぼるようにする。

ミルク（b）

右手を握り、人差し指の第2関節を少し上に出して唇にあてる。

牛乳

右手の親指と人差し指を伸ばし、親指を頭に軽くあてて牛のつのをつくる。

右手で乳をしぼる動作をする。

札幌

指を開いた両手を重ね、左右に離す（札幌の碁盤の目の街路を表現する）。

仙台

右手の親指と人差し指を閉じ、指先を額に向け、三日月を描く（伊達政宗の兜を表現する）。

東京

両手の親指と人差し指を立ててL字型をつくり、2回上げる（「東」を2回繰り返す）。

横浜

右手の人差し指と中指を、顔に沿って2回前に出す。

名古屋

両手の人差し指をカギ型に折り曲げ、指先を向かい合わせる（シャチホコを表現する）。

大阪

右手の人差し指と中指を、頭に2回つける。

神戸

右手の親指と人差し指を輪にし、指先を額に向け、左から右に移動させる。

広島

両手の人差し指と中指を伸ばし、左右に引く。

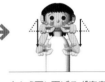

上から下に下げる（「宮島」の鳥居を表現する）。

博多

右手の親指と他の4本の指をお腹につけ、右に移動させ、「博多帯」を表現（「福岡県」の意味も表わす）。

予定

左手のひらを下に向け、小指側に右手の人差し指をあてる。

あてた人差し指で線を引くように移動する。

139

現在

両手のひらを下にし、軽くおさえる（「今」の意味も表わす）。

過去

顔の横に置き、後ろに倒す。

未来

顔の横に置き、前に出す。

毎日

両手の親指と人差し指を伸ばし、1回転させる（「いつも」の意味も表わす）。

毎週（a）

両手で「7」（手の甲は前に）をつくり、1回転させる。

毎週（b）

左手を開き、右手の人差し指を前に向け、左の指をかすめながら下げる。

1週間

右手の親指、人差し指、薬指を伸ばして「7」をつくり、左から右へ移動させる。

両手を肩幅ぐらいの間隔をあけて体の前に置く（「間・あいだ」の意味を表わす）。

1ヶ月

数字の「1」をつくり、手首をひねりながら前に出す。

10年後

左手を握り、右手で「10」をつくり、円を描くように前に回す（「2」にすると2年となる）。

顔の横に置き、前に出す（「未来」という手話）。

半年（6カ月）

「6」をつくった右手の人差し指をほほにあて、手首をひねりながら前に出す。

塾(「習う」+「通う」)

右手の人差し指を、右斜め上から2回ほど自分に向かって振る。

右手の親指を立て、前後に動かす。

デート

右手の親指と小指を伸ばし、前に出す。

遊園地(「遊ぶ」+「場所」)

頭の横で両手の人差し指を立て、交互に前後させる。

手をドーム状にする。

山

手で、山の形を描く。

動物園(「動物」+「場所」)

両手の親指、人差し指、中指を獣がツメを立てるように指を折り曲げ、前に出す。

手をドーム状にする。

スキー

両手の人差し指を軽く曲げ、前に出す(スキーの板を表わす)。

ディズニーランド(「ミッキーマウス」+「遊ぶ」+「場所」)

両手の人差し指で、ミッキーマウスの耳を描く。

両手の人差し指を立て、交互に前後させる。

手をドーム状にする。

手話の単語対応

水族館（「魚」＋「建物」）

魚が泳ぐように指先を動かしながら、移動させる。

両手で建物の形を表わす。

映画館（「映画」＋「建物」）

両手を、顔の前で交互に上下させて「映画」の手話を行ない、その後に「建物」の手話をする。

美術館(a)（「美術」＋「建物」）

右手の人差し指と中指を伸ばして額にあて、少し下げ「美術」を表わす。その後に「建物」の手話をする。

美術館(b)（「絵」＋「建物」）

右手の甲で、左手のひらを2回たたき「絵」の手話を表わし、その後に「建物」の手話をする。

駐車場（a）

両手を「コ」の字型（「車」を表わす）にし、左右に離す。

駐車場（b）（「車」＋「場所」）

右手で「車」を表わし、左手に乗せる。

手をドーム状にする。

会社

頭の横で両手の人差し指と中指を立て、交互に前後させる。

海

右手の小指を口元にあて、海の塩辛さを表わす（「塩」も表わす）。

右手のひらを上に向け、海が波うつように左から右へ移動させる(手のひらは下でもよい)。

美容院(「美容院」+「場所」)

両手の人差し指と中指で、パーマをあてるように、回転させながら上げる。

手をドーム状にする。

床屋

両手の人差し指と中指を伸ばし、左指に沿って右指を2回上げる。その後、「場所」の手話をする。

富士山

両手の人差し指と中指の指先を合わせ、富士山の形を描く。

皇居

親指と小指を立てた右手を、左手のひらに乗せ、上げる。

両手を合わせて屋根の形をつくり、斜め下に引く。

川(a)

指先を前に向けて、人差し指、中指、薬指の3本を下げる(漢字の「川」を書く)。

川(b)

右手のひらを上に向け、波打つように移動させる。

花

両手のひらを合わせてつぼみをつくり、花が開くように手首をねじりながら指先を開く。

浜辺

左手をドーム状にして、砂浜を表わす。

右手は、波が打ちよせるように動かす。

右手を波が引くように動かす(「岸」「海岸」の意味も表わす)。

143

ヨーロッパ

右手の指を軽く曲げ、左から
右へ回しながら移動させる
（ヨーロッパの「E」を表わす）。

フランス

親指を立てた右手を、肩から
弧を描くように下げる。

イタリア

右手の親指と人差し指を、
ブーツの形を描くようにして
開いて閉じる。

ドイツ

右手の人差し指を立てた手を
額にあて（鉄カブトを表わす）、
前に出す。

ロシア

右手の人差し指を、唇の上に
あてて右に引く。

イギリス

右手の人差し指と中指の背で、
アゴの輪かくをなぞるように
左から右へ移動させる。

中国

親指と人差し指を閉じ、矢印
の方向に動かす（中国服を表
わす）。

韓国

右手で民族衣装の帽子の形
を表わす。

ベトナム

そろえた人差し指と中指を、
鼻先から左肩に移動する。

アジア

指文字の「あ」（「A」の意味
も表わす）をつくり、弧を描
くように移動させる。

ニューヨーク

親指と小指を伸ばした右手を、
左手のひらに乗せ、2回すべ
らせる。

パリ

両手の人差し指と中指で、エッ
フェル塔を描くように下から
上げ、指先を合わせる。

北京

両手の人差し指と中指を、下げてから左右に引く（「北」の意味を表わす）。

親指を横に、人差し指を下にして下げる（「西」の意味を表わす）。

ハワイ

フラダンスを踊るように、両手をうねらせながら右から左に動かす。

オーストラリア

両手の親指と中指、薬指をつけ、カンガルーが飛びはねるように指先を開きながら前に出す。

父

人差し指をほほにあて、離しながら親指だけを立てる。

母

人差し指をほほにあて、離しながら小指だけを立てる。

兄

甲を前に向けて中指を立て、上げる。

弟

甲を前に向けて中指を立て、下げる。

姉

甲を前に向けて小指を立て、上げる。

妹

甲を前に向けて小指を立て、下げる。

妻

小指を立て、ひねりながら前に出す。

夫

親指を立て、前に出す。

祖父

親指を軽く曲げる。

祖母

小指を軽く曲げる。

息子

親指を立ててお腹の前に置き、そのまま前に出す。

娘

小指を立ててお腹の前に置き、そのまま前に出す。

兄弟

両手の中指を立て、上下に離す。

姉妹

両手の小指を立て、上下に離す。

伯父(「父」+「兄」)

右手の人差し指をほほにあて、離しながら親指だけを立てる。

「父」をつくったまま、もう一方の手で「兄」の手話をする。

伯母(「父」+「姉」)

「父」をつくったまま、もう一方の手で「姉」の手話をする。

叔父(「母」+「弟」)

右手の人差し指をほほにあて、離しながら小指だけを立てる。

「母」をつくったまま、もう一方の手で「弟」の手話をする。

叔母(「母」+「妹」)

「母」をつくったまま、もう一方の手で「妹」の手話をする。

子供

右手のひらを下にして、左から2回置くように移動する。

赤ちゃん(a)

赤ちゃんを両手で抱えるようにする。

赤ちゃん(b)

赤ちゃんをあやすように、両手を左右にゆらす。

恋人(a)

ハートをつくるように、胸の前で両手の人差し指を交差させる。

小指を立てる(「女」の意味を表わす)。

恋人(b)

「恋人」の手話の後に、親指を立て「男」の手話をする。

大人

肩から両手を引き上げる。

夫婦

親指と小指を伸ばした手を、軽く振る。

高齢者(「高齢」+「人々」)

軽く曲げた両手を向かい合わせ、上下に離す。

両手の親指と小指を伸ばし、ゆらしながら左右に離す(「人々」の手話をする)。

ろう者(「ろう」+「人々」)

右手のひらを右耳にあてる(「ろう」を表わす)。※「ろう」だけでもよい。

親指と小指を伸ばし、小指の先をつけ、手首を回しながら左右に引く。

ろう

右手のひらを耳にあてた後に、口にあてる。

聴者

人差し指を耳と口にあて、同時に前に出す。

友だち

両手を握手するように合わせて、軽く振る。

幼なじみ

両手をそろえて、そのまま引き上げる。

中途失聴者

肩から両手を引き上げる（「大人」「成長」の意味を表わす）。

手のひらで、耳をふさぐ（「失聴」の意味を表わす）。

両手を左右に離し、「人々」の手話をする。

難聴者

手を顔の前に置き、下げる（「難聴」の意味を表わす）。

両手を左右に離し、「人々」の手話をする。

髪の長い

両手で髪をなで下ろすように下げる。

髪の短い

両手を肩のラインに置き、そのまま耳の下まで引き上げる（短さにより動かす長さを変える）。

背の高い

手を頭に乗せて上げる。

背の低い

手を頭の位置から下げる。

148

やせた(a)

両手のひらを向かい合わせ、やせ細るように間隔をせばめながら下げる。

やせた(b)

両手の甲をほほにあて、やせ細るように顔の輪かくをなぞりながら下げる。

ヒゲを生やした

指を軽く曲げ、指先をアゴにあて、輪かくをなぞるように移動させる。

太った(a)

両手のひらを向かい合わせ、お腹のあたりに置き、左右に広げる。

太った(b)

手のひらをほほに向け、顔がふくらむように両手を広げる。

メガネをかけた

親指と人差し指で輪 (メガネ) をつくり、両目にあてる。

明るい(a)

右手の親指と人差し指を閉じて眉間にあて、前に出しながら開く（表情がほぐれるようすを表わす）。

明るい(b)

重ねた両手のひらを前に向け、弧を描くように開く。「晴れ」の意味も表す。

楽しい

両手を胸の前で交互に上下させる。

きびしい

左手の甲を右手の親指と人差し指でつねるようにする。

つまらない

指を軽く曲げ、自分の顔をひっかくようにする（相手に向けると相手がつまらないことを表わす）。

きれい

両手のひらを合わせ、右手をすべらせるように前に出す。

149

正直

輪をつくった両手の親指と人差し指を、上下に引き離す（「まじめ」の意味も表わす）。

かっこいい

指を軽く曲げ、手のひらを相手の方から自分にすばやく向ける。

かわいい

左手の小指を、右手でなでるように回す。

病気

手を握り、つらそうな表情で、額に2回あてる。

転職（「仕事」＋「変える」）

両手を中央に向け、2回動かす（書類を集めるイメージで）。

左手のひらに、右手の人差し指と中指をあて、手首をひねりながらひっくり返す。

リストラ

左手の親指を立て、右手で首を切るように親指にあてる。

残業（「仕事」＋「（時間）が過ぎる」）

両手を、中央に向けて2回動かす。「仕事」。

右手の小指側を左手の甲の上に置き、乗り越えるように右手を前に出す。

就職（「会社」＋「入る」）

両手の人差し指と中指を立てて頭の横に置き、交互に前後させる。

人差し指で、自分から見て漢字の「入」をつくり、前に倒す。

離婚

合わせた親指と小指を、左右に引き離す。

150

失業（「仕事」+「クビ」）

両手を、中央に向けて2回動かす。「仕事」。

手で首を切るようにする（「失業」「解雇」の意味も表わす）。

ストレス（a）

左手のひらの下から、右手の指文字「す」を上げる（ストレスが溜まっていく様子）。

家の用事（a）（「家」+「都合」）

両手で屋根の形をつくる。

左手のひらで、右手のこぶしをすり合わせるように回す。

家の用事（b）

「家」の手話をした後で、両手のひらを自分に向け、引き寄せる（「必要」と同じ手話）。

景気が下がる

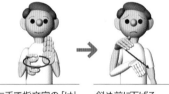

左手で指文字の「け」をつくり、右手で「お金」をつくって回す「景気」。

斜め前に下げる。

景気が上がる

左手で指文字の「け」をつくり、右手で「お金」をつくって回す「景気」。

斜め前に上げる。

さぼる

両手を軽く握り、上下に置き、後ろにサッと引き上げる。

ずる休み

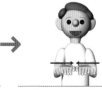

右手の指の背で左ほほを上下にさする（「ずるい」という手話）。

両手のひらを下に向け、左右から引き合わせる（「休む」という手話）。

151

出産

両手をお腹の前に置き、甲側から開きながら前に出す。

亭主関白

親指を立て、そのヒジの下に小指をそえる。

かかあ天下

小指を立て、そのヒジの下に親指をそえる。

ジュース

小指でアルファベットの「J」を描く(最後に小指を口に持ってきてもよい)。

ウーロン茶

薬指を折り曲げ、手のひらを前に向けて左右に振る。

皿

両手の親指と人差し指で皿を表現する。

コーラ(a)

親指は立て、他の4本指を直角に曲げ「コ」を表現。人差し指を伸ばし、上から下に下ろし「ー」を表現。人差し指と中指をからませるように重ねる「ラ」を表現。指文字で「コーラ」を表現する。

コーラ(b)

右手の親指を立て、前に出す(「しかる」の手話。「コラッ」としかることからしゃれで表現する)。

炭酸水

指を軽く閉じたり開いたりしながら上げる。気泡が上がっている様子+「水」。

コーラ(c)

注射を打つようにする。

日本茶(a)

右手は湯飲みを持つようにし、左手のひらにのせ、お茶を飲むように両手を上げる。

日本茶(b)

親指と小指を伸ばし、急須でお茶を注ぐように手を傾ける。

赤ワイン(「赤」+「ワイン」)

 →

右手の人差し指で唇を左から右になぞる(「赤」+「ワイン」で赤ワインを表わす)。

人差し指、中指、薬指を立て、アルファベットの「W」をつくり、回す。「ワイン」。

カクテル

両手でシェーカーを振るようにする。

白ワイン(「白」+「ワイン」)

 →

人差し指で歯を指す。「白」。

人差し指、中指、薬指を立て、アルファベットの「W」をつくり、回す。「ワイン」。

ウィスキー

人差し指、中指、薬指を立てアルファベットの「W」をつくり、口元に2回つける。

ホット(a)

両手を手前にすくい上げるように引き上げる(「暖かい」「春」の意味も表わす)。

ホット(b)

左手の甲を、右手の指先で、軽くたたく(「湯」の意味も表わす)。

アイス

両手を握り、小刻みにゆらす(「寒い」「冬」の意味も表わす)。

青森

指先で、ほほをなでるように引く「青」という手話。

両手のひらを自分に向けて開き、交互に上下させる「森」という手話。

秋田

左手のひらを上に向け、右手の親指を左手首につける（名産のふきを表わす）。

岩手（a）

指を折り曲げた両手を向かい合わせ、前後にひねる。「岩」という手話。

手のひらを相手に向ける指文字の「て」。

岩手（b）

軽く開いた右手を、頭の上で前から後ろに動かす。

山形

左手の親指と人差し指で輪をつくり、その輪に右手の人差し指をつける（名産のさくらんぼを表わす）。

宮城

両手の指を組み、屋根の形をつくる。「宮」という手話。

カギ型に折り曲げた両手の人差し指を、向かい合わせる「城」という手話。

栃木

左手を開き、右手の人差し指で葉をふちどるように動かす（栃の葉を表わす）。

福島

アゴをさわりながら、指を閉じる「幸福」「幸せ」という手話。

左手をドーム状にし、そのまわりで手のひらを上にした右手を回す「島」という手話。

茨城

両手を交差させ、腕をさするように上下させる。

群馬

両手の人差し指を、馬の手綱を引くイメージで2回振る「馬」という手話。

埼玉

両手を軽く曲げ、手の中で玉を転がすように回す。

千葉

左手の親指と人差し指に、右手の人差し指をあて、漢字の「千」をつくる。

東京

両手の親指と人差し指を立て、2回上げる。(「東」という手話を2回する。)

神奈川

お参りするように両手を合わせる「神」という手話。

指先を前に向けて、人差し指、中指、薬指を下げる(漢字の「川」を書く)。

新潟

両手のひらを上に向け、交互に前後させる。

山梨

手で山の形を描く「山」という手話。

左手のひらを下に向け、左手のひらに右手の指先をつけ、閉じながら下げる「ぶどう」という手話。

岐阜

右手の親指、人差し指、中指を伸ばし、口の前で鵜(う)のクチバシのように閉じたり開いたりする。

長野

輪にした親指と人差し指同士をつけ、左右に引き離す「長い」という手話。

右手の人差し指で、「ノ」を書く(指文字の「の」を表わす)。

愛知

左手の親指を立て、右手のひらでなでるように回す。

155

富山

人差し指と中指を立て、指文字の「と」をつくる。

手で山の形を描く「山」という手話。

滋賀

左手を握り、右手の親指と人差し指を閉じ、楽器の琵琶を弾く動作をする。

石川

石

川

左手と右手で、漢字の「石」をつくる。

指先を前に向けて、人差し指、中指、薬指を下げる（漢字の「川」を書く）。

京都

両手の親指と人差し指を伸ばし、2回下げる（「西」という手話を2回する）。

福井

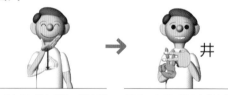

井

アゴをさわりながら、指を閉じる「幸福」「幸せ」という手話。

両手の人差し指と中指を伸ばし、交差させて漢字の「井」をつくる。

奈良

大仏のポーズをする。

静岡

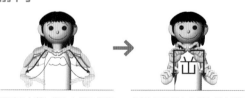

岡

両手の人差し指と中指の指先を合わせ、「富士山」を表わす。

両手の親指と人差し指を閉じて、漢字の「岡」のかまえを描く。

和歌山

右手を叫ぶように口元にあてる。

三重

人差し指、中指、薬指を横に伸ばし、漢数字の「三」をつくる。

両手のひらで重いものを持つように下げる「重い」という手話。

兵庫

銃をかかえる兵士のように両手のこぶしを上下にし、右脇にあてる。

鳥取

右手の親指、人差し指を伸ばし、口の前で鳥のクチバシのように閉じたり開いたりする「鳥」という手話。

前から物をつかみ取るように手前に引く。

岡山

両手の指先をすぼめ、腕を交差させ、2回外に開く。

島根(a)

左手をドーム状にし、そのまわりで手のひらを上にした右手を回す。

左ヒジを立て、ヒジの下に右手首をあて開く「根」「基本」を表わす手話。

島根(b)

左手をドーム状にし、そのまわりで手のひらを上にした右手を回す。

指先を下に向けて開き、指文字の「ね」を表わす。

大阪

右手の人差し指と中指を、頭に2回つける。

広島

両手の人差し指と中指を伸ばし、左右に引く。

上から下に下げる(「宮島」の鳥居を表現する)。

157

山口（a）

手で山の形を描く「山」という手話。

人差し指で口のまわりをグルッとなぞる「口」という手話。

山口（b）

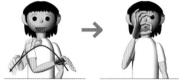

手で山の形を描く「山」という手話。

親指と人差し指で輪をつくり、口にあてる「口」という手話。

徳島

親指をアゴ先につけ、人差し指を立て、親指をアゴにつけたまま人差し指を左に倒す。

左手をドーム状にし、そのまわりで手のひらを上にした右手を回す「島」という手話。

愛媛

右手の下で、小指を立てた左手を回す。

香川

人差し指と中指を立て、指先を鼻に近づける「香り」という手話。

指先を前に向けて、人差し指、中指、薬指を下げる（漢字の「川」を書く）。

福岡

右手の親指と他の4本の指をお腹につけ、右に移動させ「博多帯」を表現（「博多」の意味も表わす）。

高知

手のひらを直角に曲げて引き上げる「高い」という手話。

手を胸にあててなで下ろす「知る」「わかる」という手話。

佐賀

人差し指でこめかみを差し、残りの指を下に向けてパッと開く。

長崎

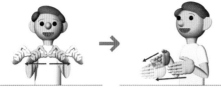

両手の親指と人差し指を閉じて、左右に引き離す「長い」という手話。

両手の指先を前に出しながら合わせる「崎」という手話。

熊本

両手の親指と人差し指を伸ばし、人差し指を下にし、お腹にあてる（加藤清正の鎧の印を表現する）。

宮崎

両手の指を組み、屋根の形をつくる「宮」という手話。

両手の指先を前に出しながら合わせる「崎」という手話。

大分

右手の親指と人差し指を閉じて輪をつくり、左手の甲の親指のつけねにのせる（大分の位置を表現）。

鹿児島

頭の横で右手の人差し指、中指、薬指を立て、鹿のつののようにねじり上げる「鹿」という手話。

沖縄（a）

両手の人差し指と中指を、頭の横でひねりながら上下に離す（沖縄の髪飾りをイメージ）。

沖縄（b）

右手の人差し指と中指を頭の横で立て、ねじり上げる。

日本

両手の親指と人差し指で、日本列島を描くように引き離す。

東

両手の親指と人差し指を立てて上げる。

西

両手の親指と人差し指を、伸ばして下げる。

南

親指を立てて、うちわであおぐように動かす。

北（a）

両手の人差し指と中指を、下げてから左右に引く「北」という手話。

北（b）

3本指（親指・人差し指・中指）を交差させ、漢字の「北」をつくる。

東北

両手の親指と人差し指を立てて上げる「東」という手話。

両手の人差し指と中指を、下げてから左右に引く「北」という手話。

スカイツリー

両手を指文字「す」にし、下からそびえたつように中央に寄せながら上げる。

北陸

両手の人差し指と中指を、下げてから左右に引く「北」という手話。

人差し指と中指で指文字の「り」を表わす。

手を軽く曲げ、指文字の「く」を表わす。

関東

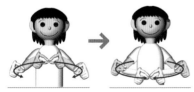

両手の親指と人差し指で輪をつくり、

手前から円を描く。

東京タワー

両手の親指と人差し指を立て、2回上げる。「東京」。

両手の人差し指と中指で、下からそびえたつように寄せながら上げる。「タワー」。

160

甲信越

左手の人差し指、中指、薬指を横に伸ばし、右手の人差し指を重ね、漢字の「甲」をつくる。

右手をつかむように握る「信じる」という手話。

左手の甲の上に右手の小指側を置き乗り越えるように前に出す（「過ぎる」「越える」という手話）。

近畿

左手のひらを前に向け、親指を伸ばし、右手を合わせる。

左手の親指に沿って右手をすべらせる（大阪湾をイメージ）。

四国

右手の親指以外の指を伸ばし、左手の甲の上をすべらせるように手前に引く。

中国

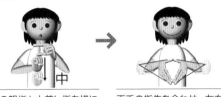

左手の親指と人差し指を横に伸ばし、右手の人差し指を手前につけ、漢字の「中」をつくる。

両手の指先を合わせ、左右に引きながら閉じる「国」という手話。

地域（地方）

左手のひらの上で右手の親指を支点に、人差し指をコンパスのように回す。

九州

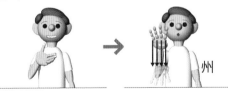

数字の「9」をつくる。

親指以外の4本の指を開いて、手首から前に倒す。

平成

手のひらを下に向け、左から右に移動させる。

大正

親指と人差し指で、ヒゲを書くように指を閉じながら上げる。

明治

アゴにあてた手を、ヒゲをなで下ろすように下げながら握る。

1999

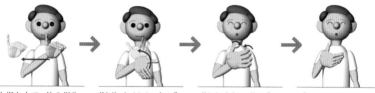

小指を立て、他の指先を閉じ、左から右に動かして「1000」を表わす。

指先をはね上げ、「900」を表わす。

指を折り曲げて「90」を表わす。

「9」を表わす。

2001年（a）

人差し指と中指を伸ばして「2」をつくり、自分から見えるように漢字の「千」を描く。

人差し指を立てて「1」をつくる。

左手で筒をつくり右手の人差し指を左手の親指のあたりにあてる（木の年輪を表わして「年」となる）。

2001年（b）

左手で数字の「2」をつくり、その横に右手で、「0」をポンポンと2つつくる。

右手の人差し指を立てて数字の「1」をつくる。

令和

閉じた右手を軽く開きながら前に出す。

鈴木(「鈴」+「木」)

親指と人差し指を
閉じて輪をつくり、
軽く振る。

両手の親指と人差し
指で、木の形をなぞ
るように、上に動かす。

田中(「田」+「中」)

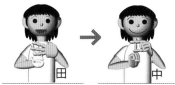

両手の人差し指、中指、
薬指を立て、重ね合わせ
て漢字の「田」をつくる。

左手の親指と人差し指を
横にし、右手の人差し指
をあて、「中」をつくる。

佐藤

右手のひらを口元
にあてる。

口のまわりをグルグル
と回す(佐藤と砂糖で
「甘い」の手話で表現)。

山本(「山」+「本」)

手で山の形を描く。

両手のひらを合わ
せ、本を開くように
両手を左右に開く。

高橋(「高い」+「橋」)

手のひらを直角に
曲げて上げる。

両手の人差し指と中指
を伸ばし、橋のアーチ
を描くように手前に引く。

渡辺(「やわらかい」+「鍋」)

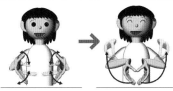

両手を胸の前あたりで、
親指と他の4本ではさむ
ように2回ほど閉じる。

両手の指先同士を合
わせ、斜め上に引き上
げながら指を閉じる。

三浦(「三」+「裏」)

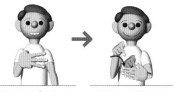

漢数字の「三」を
つくる。

右手の人差し指で、
左手のひらを軽く
突く。

小林(「小」+「林」)

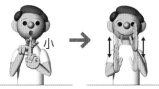

左手の人差し指を、右
手の人差し指と中指で
はさみ、「小」をつくる。

手のひらを向かい
合わせて交互に上
下させる。

163

保育園

両手を体の前で交互に前後させる（「世話」と同じ手話）。

手をドーム状にする。（「場所」の意味を表わす）。

幼稚園

両手のひらを左右でたたく。

手をドーム状にする（「場所」の意味を表わす）。

小学校（「小」+「学校」）

左手の人差し指を右手の人差し指と中指ではさみ、「小」をつくる。

両手のひらを自分に向け、前に軽く出して「学校」の手話をする。

高校

右手の人差し指と中指を伸ばし、額にあて、

左から右に動かす。

専門学校（「専門」+「学校」）

両手の人差し指と中指を伸ばし、手首を内側にひねり上げる。

両手のひらを自分に向け、前に軽く出して「学校」の手話をする。

短大（「短い」+「大学（b）」）

両手の親指と人差し指を閉じ、中央に引き寄せる。

人差し指で、角帽をふちどるようにする。

大学（a）

角帽のつばをつまむように、両手の親指と人差し指で、対角線の前後をつまみ、

反対側の前後をつまむ。

大学（b）

人差し指で、角帽をふちどるようにする。

入学

両手のひらを自分に向け、前に軽く出して「学校」の手話をする。

人差し指を伸ばし、自分から見て漢字の「入」をつくり前に倒す。

卒業

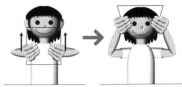

両手で卒業証書を受け取るようにする。

両手を少し上げる。

学生

両手を軽く曲げ、それぞれ握りながら、上下させる。

中退

左手のひらに向けて、右手を近づけ、途中で下に落とす（「途中」の意味を表わす）。

右手の指先をすぼめ、左手の上に乗せ、左手から右手を落とす「辞める」という手話。

合格

左手を体の前に置き、右手が左手を突きぬけるように下から上に上げる。

不合格

下から上がってくる右手を、左手のひらでたたき落とすようにする。

右手は、たたき落とされたように下げる。

留学

親指と小指をのばして「飛行機」が離陸するように前に出す。

両手のひらを自分に向けて並べ、軽く前後に動かす。「学校」「勉強」。

式(a)

全指を前に倒す。両手を人に見立て、整列してお辞儀をするイメージで。

165

式(b)

手のひらを自分に向け重ね、右手を前に出す。両手を人に見立て、会場に人がずらっと並んでいるイメージ。「大会」も表わす。

大学院

角帽の対角線上の前後のつばを両手の親指と人差し指でつまんでから、反対側の前後をつまむ。「大学」。

人差し指をこめかみにあて、残りの指を開きながら下ろす(角帽についたタッセルのイメージ)。

弁護士

左手のひらを自分に向けて体の前に置き、右手を斜め前に2回振る。

親指を立てる。

警察官

親指と人差し指を折り曲げ、額にあてる(帽子の記章を表現する)。

右手の親指を立てる(婦人警官の場合、小指を立てる)。

消防士

両手でホースを持つようにかまえ、左右に振る(放水するようすを表わす)。

親指を立てる。

客室乗務員(キャビンアテンダント)

親指と人差し指を伸ばして「飛行機」の手話をする。

親指を立てる。女性のキャビンアテンダントの場合は小指を立てる。

パイロット

 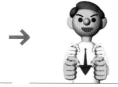 

親指と小指を伸ばして「飛行機」の手話をする。

両手で操縦かんを握る動作をする(「運転」の意味を表わす)。

親指を立てる。

看護師（士）

脈を取るように右手を左手首にあてる。

両手を体の前で交互に前後させる（「世話」の意味を表わす）。

指文字の「し」にした右手を左肩に当てる。性別に関係なく使える手話。

バス運転手

両手の親指と人差し指を、伸ばして前に出す（バスの前面を表現）。

両手でハンドルを動かす動作をする（「運転」の意味を表わす）。

右手の親指を立てる（女性の場合、小指を立てる）。

コック

両手の親指と人差し指を伸ばして頭の上に置き、そのまま上げる（調理師の帽子を表わす）。

調理師

左手の指を軽く曲げ、右手を包丁に見立て、トントンと切るように動かす。

指文字の「し」にした右手を左肩に当てる。性別に関係なく使える手話。

社長（「会社」＋「長」）

頭の横で両手の人差し指と中指を立て、交互に前後させる。

親指を立てて、そのまま上げる。

アルバイト（「仮の」＋「仕事」）

右手の親指と人差し指で輪をつくり、左手の甲にあてる。

両手を、中央に向けて2回動かす「仕事」という手話。

167

フリーター

両手を体の横に置き、交互にブラブラと前後させる。

パート(「時間」+「仕事」)

左手のひらに右手の親指をつけ、親指を軸に人差し指を下に回す。

両手を、中央に向けて2回動かす。

自営業(「自分」+「経営」)

人差し指を胸の中央にあて、指先を上にはね上げる(「自分」の意味を表わす)。

両手の親指と人差し指で輪(お金)をつくり、

輪(お金)を互い違いに回す(「経済」「運営する」という意味も表わす)。

漁業

手をひらひら動かしながら、指先側から移動させる(「魚」を表わす)。

あみをつかみ、交互に引き上げるようにする。

酪農

牛の乳をしぼるように握る。両手で交互にしぼる。

農業

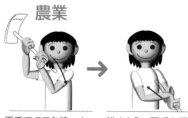

両手でクワを持つように握る。

耕すように両手を振り下ろし、手前に引く。

公務員

人差し指で「ハ」をつくり、その下に「ム」を空書する「公」という手話。

親指と人差し指で輪をつくり、胸元にあてる。

晴れ

交差させた両手を左右に開く
(「明るい」という意味も表す)。

雲

モコモコした雲を描くように、
両手を左右に広げる。

曇り

軽く曲げた両手を向かい合わ
せ、それぞれ逆方向に回転さ
せる。

雨

両手を肩の前あたりで垂らし、
2回上下させる。

小雨

両手を肩の前あたりから、ゆっ
くり下ろす。指は、小雨がパラ
パラと落ちるように動かす。

雷

両手の親指と人差し指を閉じ、
稲妻を描くように指先を閉じ
たり開いたりしながら下げる。

台風

両手を大きく上下させ「雨」
の手話をする。

両手を風が吹き下ろすように
回転させながら移動させる。

風(a)

両手を風が吹き下ろすように
移動させる。

雪

右手の人差し指で歯を左にな
でる「白」という手話。

両手の親指と人差し指で輪
をつくり、雪が降るように両
手を下げる。

強風

「風」の手話の動作を大きく
力をこめて行なうことで、風
の強さを表現する。

169

風(b)(自分に吹く)

両手のひらを顔に向け、風に吹きつけられるように、両手を後ろに持っていく。

冷房(a)

右手は寒さに震えるようにこぶしをゆらしてから、左手は風があたるように動かす。

冷房(b)

両手を顔より少し高い位置に置き、クーラーの風が吹きかかるように両手を顔に近づける。

うちわ

うちわであおぐように動かす（「暑い」「夏」の意味も表わす）。

暖房(a)

右手は下からあおぐようにしてから、左手はエアコンの風があたるように動かす。

暖房(b)

両手を体の前に置き、暖かい空気がかかるように、手を体に近づける。

こたつ

両手で上から下へこたつの形を表わす。

扇風機

右手の指を軽く曲げ、扇風機が首を振るように、手を振る。

ストーブ

両手のひらを前に向け、ストーブに手をかざすようにする。

蒸す

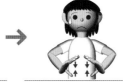

胸の前で両手の指先をすぼめる動きをする（ジトジトしたイメージで）。

両手をお腹の位置まで下げ、指先をすぼめる動きをする。

料理

左手の指を軽く曲げ、右手を包丁に見立て、トントンと切るように動かす。

インターネット

小指を伸ばした両手を上下させ、右手を縦に円を描くように回す。

パソコン

左手で指文字の「ぱ」をしながら、右手でパソコンのキーボードをたたくように動かす。

カラオケ

手を握り、口の前にあて、歌っているように左右に振る。

遊ぶ

頭の横で両手の人差し指を立て、交互に前後させる。

ゲーム

両手でコントローラーを持つようにする。

卓球

左手の親指と人差し指で輪(卓球のボール)をつくり、右手の甲(ラケット)で打つようにする。

歌手

左手を握り口の前に置き、右手の人差し指を立て、口元から左右に動かす。左手の人差し指と中指の2本でもよい。「歌」の手話。

親指を立てる(小指を立てると女性歌手を表わす)。

ラブロマンス

両手の人差し指をハートをつくるように、左右から中央に引き寄せる「恋」の手話。

邦画

両手の親指と人差し指で、日本列島を描くように離す(「日本」の意味を表わす)。

両手を開き、体の前で交互に上下させ、「映画」の手話をする。

171

ラジオ

両手の親指と人差し指で箱をつくり、右手を耳に近づける。

テレビ

同時に上下に動かす。

DVD

左手でチョキ (V) をつくり、右手の親指と人差し指を左手人差し指に添え (D)、円を描く (DVD の形をイメージ)。

ビデオ

両手の人差し指を下にし、同時に右に回す。

両手の親指と人差し指で、ビデオテープの形をつくる。

雑誌

両手のひらを上下に重ね、ページをめくるように、右手をひっくり返す。

洋画

両手を軽く曲げ、体の前でボールを持つようにし、手首を前に回転させ、「世界」の手話をする。

両手を体の前で交互に上下させ、「映画」の手話をする。

アニメ

両手を開き、指先を前に向け、コマ送りのように、交互に回す。

ハリウッド映画

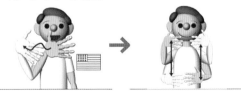

右手のひらを旗がたなびくように、上下させながら左から右に引いて、「アメリカ」の手話をする。

両手を、体の前で交互に上下させ、「映画」の手話をする。

時代劇

両手を握り、体の左側にかまえ、刀を抜いて切りつけるように右手を振り下ろす。

俳優

両手を握り、互い違いになるように手首をひねる。「芝居」「演劇」の手話。

「芝居」の手話の後に親指を立てると、男優を表わす。女優の場合は小指を立てる。

競馬

両手の人差し指を、馬の手綱を引くイメージで、2回振る（「馬」の意味を表わす）。

情報(a)

両手のひらを前に向け、親指と他の4本の指の指先を閉じながら、2回両手を耳に近づける。

情報(b)

右手のひらを前に向け、指先をすぼめながら2回耳に近づける（「情報(a)」を片手で表わしている）。

パチンコ

パチンコ台のハンドルを回すように手首をひねる。

マンガ

手を握り、お腹のあたりを2回たたいて、「おもしろい」の手話をする。

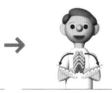

両手のひらを合わせ、左右に開いて「本」の手話をする。

相撲

握った両手を、交互に脇腹にあてる。しこを踏む様子から。

マージャン

両手の親指と他の4本の指で、マージャンパイをそろえるように左右に引く。

パイを起こすように手首を前にひねる。

ラグビー

ラグビーボールを両手で脇にかかえて走る動作をする。

173

バレーボール

身体の前で、開いた両手をトスを上げるように軽く前に出す。

バドミントン

握った右手の手首を前に倒す。ラケットを持ってシャトルを打つイメージで。

体操（a）

握った両手を身体の前で交差させ開く。ラジオ体操のイメージで。

体操（b）

両手を上に伸ばす。

それを肩に乗せ、横に広げて肩に戻す。

バスケットボール

バスケットボールを持つようにし、右手を斜め上に出して、シュートをする動作をする。

マラソン

両手の親指と人差し指を輪にしてつける。

弧を描くように右手を前に出して「遠い」の手話をする。

両手を握り、上下させて「走る」の手話をする。

新聞

左ひらの上に右ヒジを立て、右手をねじる。

両手を握り、顔の前で合わせ、新聞を広げるように左右に開く。

書道

左手で半紙を押さえ、右手で筆を持って書くように動かす。

デパート(「商売」+「建物」)

両手の親指と人差し指で輪(お金)をつくり、交互に前後させる。

四角い建物を表現する。

コンビニエンスストア

左手で数字の「2」、右手で「4」をつくる。円を描くように両手を右に回す(24時間を表わす)。

スーパー

左手で買い物カゴを持ち、右手で商品を2回カゴに入れるようにする。

フリーマーケット(「自由」+「商売」)

体の前で両手を握り、交互に上下させる(「自由」の意味を表わす)。

両手の親指と人差し指で輪(お金)をつくり、交互に前後させる。

手紙

両手で「〒」の記号をつくる。

銀行

両手の親指と人差し指で輪(お金)をつくり2回同時に上下させる。

鉛筆

親指と人差し指で鉛筆を持つように口元にあてる。

書くように手を動かす。

机

両手のひらを下に向け中央で合わせ、左右に離す。

ノート

両手のひらを合わせ、ノートを開くように両手を開く。

左手のひらに書くように右手を動かす。

イス

右手の人差し指と中指を、左手の人差し指と中指に、乗せる「座る」も表わす。

オモチャ(a)

ミニカーを走らせるように、左右に動かす。

175

オモチャ（b）

両手を握り、右を上にしてこぶしをあてる。

次に左を上にしてこぶしをあてる。

肉（a）

右手の親指と人差し指で、左手の親指の根元をはさむ。

肉（b）

右手の親指と人差し指で、左手の甲をつまむ。

牛肉（「牛」＋「肉」）

頭の上で両手の親指と人差し指を、牛のつののように立てる。

左手の親指側を、右手で肉をそぎ切るようにする。

豚

左手の親指と人差し指、右手の人差し指と中指で顔の前に豚の鼻をつくる。

鶏

右手の親指と人差し指を伸ばし、親指を額にあて、人差し指を曲げる。

魚

右手は魚が泳ぐように、指先を前後に動かしながら、右から左に動かす。

野菜

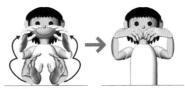

両手のひらを向かい合わせ、外側に弧を描くように上げる。

中央で指の背を合わせるように指先を下に向ける。

洗濯

両手を握り、ゴシゴシと洗うように両手をこすり合わせる。

洗濯機

指先を下に向けて回す（洗濯機が回っているイメージ）。

冷蔵庫

両手を握り、小刻みにゆらし、「寒い」のあ手話をする。

冷蔵庫の扉を開けるようにする。

エスカレーター

右手の人差し指と中指を左手のひらに乗せ、斜めに上げる（または下げる）。

エレベーター

右手の人差し指と中指を左手のひらに乗せ、上げる（または下げる）。

階段

両手を階段の角のように直角に合わせ、右手を階段状に縦、横と動かす。

スカート

両手の親指と人差し指を腰にあて、スカートの形を描く。

ズボン

両手の親指と人差し指を伸ばし、ズボンをはくように、下から引き上げる。

Tシャツ（a）

両手の人差し指で、アルファベットの「T」の形をつくる。

両手を胸にあて、なで下ろす。

Tシャツ（b）

アルファベットの「T」の形を襟元でつくるだけでもよい。

コート

両手の親指と他の4本指で、コートの厚さを表わし、引き下げる。

ネクタイ

右手の人差し指と中指を襟元にあてる。あてた右手を軽く下げる。

背広

両手の親指を立て、背広の襟をなぞるように下げ、

背広をはおるように、両手を左右から引き寄せる。

ヒール

両手のひらを下に向け、親指を下に伸ばしてヒールの部分を表わす。

Yシャツ

両手の親指と人差し指を閉じながら下げ、Yシャツの襟をつくる。

セーター

両手の人差し指で、「編み物」の手話をする。

両手を胸にあて、なで下ろす。

177

クツ下

左手を足に見立て、右手はクツ下をはかせるようにする。

ハンカチ

手を洗うように両手をこすり合わせる。両手の人差し指を立て、体の前で四角を描く。

バッグ（a）

右手でバッグを持つように手を握り、軽く上下させる。

バッグ（b）

肩にかけたカバンに、両手をそえるようにする。

リュック

両手の親指と人差し指で、リュックのストラップをなぞるよう両手を下げる。

帽子（a）

右手の親指と他の4本の指で、帽子のつばを持ち、かぶるように手を下げる。

帽子（b）

両手の親指と人差し指を伸ばし、頭に帽子をかぶせるように両手を下げる。

ネックレス

右手の親指と人差し指を閉じて輪（宝石）をつくり、首の前を右に動かす。

指輪

右手の親指と人差し指で、左手の指に指輪をはめるように右手を動かす。

腕時計

右手の親指と人差し指で輪をつくり、左手首にあてる。

イヤリング

右手の親指と人差し指で、耳たぶを前後からはさむ。

宝石

左手の甲に右手の甲を合わせ、すぼめた右手をパッ、パッと開く。

カメラ

カメラを持つようにし、右手の人差し指でシャッターを押す動きをする。

薬

左手のひらに、右手の薬指を乗せ、薬をぬるように回す。

化粧品

化粧品をつけるように、両手でほほをこする。

親指と人差し指で輪をつくり、漢字の「品」を書くように、3カ所に輪を置く。

茶

手の甲を前に向けて握り、アゴにあて、2回アゴをこする（「栗」の意味も表わす）。

緑

左手のひらを下に向け、右手の甲を左手の親指側にあて、右へ動かす。

黄

親指と人差し指をL字型に伸ばし、親指を額につけ、人差し指を左に倒す。

黒

右手で髪をなで下ろす。

青

右手で、アゴをなで上げる（そったヒゲの青さを表わす）。

紫

親指と人差し指を伸ばして指文字の「む」をつくり、唇をなぞる。

オレンジ

アルファベットの「O」をつくり、軽くゆらす。

グレー

人差し指と中指を折り曲げて口の前に置き、ネズミの歯をつくる。

ピンク

両手で桃の形をつくり、左右に動かす（「桃」の意味も表わす）。

おつり

右手で、左手のひらの上をすくうように動かす（「残り」の意味も表わす）。

ブカブカ

両手でズボンのウエストを持ち、前後に動かす（ブカブカなようす）。

ぴったり

両手の人差し指を伸ばし、軽くたたくように指先を合わせる。

じゅうぶん

曲げた親指と人差し指で軽く鼻をつまむ。

古い

右手の人差し指をカギ型に折り曲げ、鼻にあて真下に下げる。

新しい

両手の指先をすぼめ、パッと開きながら前に出す。

高い

手のひらを直角に曲げて上げる。

低い

右手のひらを直角に曲げ、真下に下げる。

重い

両手で物をかかえるようにし、両手を下げて重さを表現する。

軽い

両手のひらを上に向け、軽く持ち上げられるように両手を上げる。

厚い

親指と他の4本の指で、厚みのあるものをつかむようにし、すばやく広げる。

薄い（a）

両手の親指と他の4本の指で薄いものをはさむようにして、左右に離す。

薄い（b）

両手で薄い布の端を持つようにしてゆらす。

広い

握ったら両手をヒジから左右に引き離す。

せまい

体の前で両手の間隔をせばめる。

深い

左手を横にし、右手の人差し指を伸ばし、下げる。

浅い

両手を上下に向かい合わせ、下の手を上の手に近づける。

和食

両手の親指と人差し指で、日本列島を描くように離す(「日本」を表わす)。

右手で箸を、左手で皿を表わし、食べる動作をする。

洋食

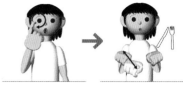

右手の人差し指で目のまわりをなぞる(「外国」の意味を表わす)。

両手で、ナイフとフォークを使うように動かす。

イタリアン

右手の親指と人差し指をブーツの形を描くように下ろして閉じる(「イタリア」を表わす)。

フレンチ

親指を立てた右手を、肩から弧を描くように下げる(「フランス」を表わす)。

カレーライス

指先を折り曲げ、口のまわりを回す(「からい」の意味を表わす)。

右手はスプーンを持つように握り、左手のひらをすくうようにする。

ステーキ

頭の上で、両手の親指と人差し指を、牛のつののように立てる。

両手でナイフとフォークを使うように動かす。

スパゲティ

右手の人差し指、中指、薬指を下に向けて伸ばし、手首をひねる。

しゃぶしゃぶ

右手の人差し指と中指を伸ばし、肉を湯にくぐらせるように左右に動かす。

天ぷら

右手のひらで、頭の横をなで下ろす。

右手の人差し指と中指をそろえ、揚げ物をするように右手を動かす。

ラーメン(a)

右手で指文字の「ら」をつくり、ラーメンを食べるように動かす。

ラーメン(b)

右手の指を開いて下げ、ちぎれた麺を表わす。

181

うどん

親指を立て、口に向かって 2 回動かす。

パン

右手の親指と人差し指を閉じ、弾くように指先をパッと開く。

サンドイッチ

右手の親指と 4 本指の間に、左手をはさみ、食べるように口に持っていく。

昼

右手の人差し指と中指を立て、顔の前に置く（時計の 12 時の位置）。

どんぶりもの

両手でどんぶりの形をつくる。

両手の人差し指と中指を交差するように重ねて、漢字の「丼」を表現する。

鍋料理

両手の指先同士を合わせ、左右に開きながら指先を閉じる（「鍋」を表わす）。

右手で箸を、左手で皿を表わし、食べる動作をする。

ケーキ

ケーキに包丁を入れるように、右手を左手のひらに縦に下ろす。

1 カットに切るように横向きにした右手を下ろす。

アイスクリーム（ジェラート）

左手でアイスのカップを表わす。

右手でカップにアイスをつめるようにする。

ソフトクリーム

左手でコーンを持ち、右手でソフトクリームのねじれを表現する。

みそ汁

すり鉢ですり棒を回すように両手を動かす（「みそ」を表わす）。

両手を合わせて、お椀の形をつくる。

ご飯

右手の親指と人差し指を閉じ、唇の端にあて、軽くねじる（「米」を表わす）。

そば

箸に見立てた右手の2指を、左手でつくった器(そばちょこ)に持ってくる。

そばを食べるように、右手を動かす。

ギョウザ

手をギュッ、ギュッと2回ほど握りしめる。

つけもの

両手のひらを下に向け、押しつけるように両手を下げる。

タコ焼き

左手の甲に、丸めた右手を乗せ、タコの形をつくる。

右手の人差し指でタコ焼きをひっくり返す動作を2回くり返す。

スープ

右手を握り、スプーンでスープをすくうよう口に持ってくる。

おかず

左手の親指の下に、右手の親指をそえる(「副」という意味を表わす)。

砂糖

右手のひらを自分に向け、口のまわりを回し、「甘い」の手話をする。

塩

右手の人差し指を横に伸ばし、歯の前を左右に動かす。

マヨネーズ

両手の親指と他の4本の指で、マヨネーズをかける動作を行なう。

ケチャップ

両手で押し出す動作をする(「赤」+「マヨネーズ」の手話でもよい)。

しょうゆ

右手の親指と小指を伸ばし、小指で唇を左から右になぞる。

親指を下に向け、回しかけるようにする。

ソース

手の指を折り曲げ、口のまわりをグルグルと回す(「からい」を表現する)。

親指と小指を伸ばし、親指を下に向け、回しかけるようにする。

183

刺身

右手を包丁に見立てる。

刺身を切るように右手を動かす。

料理

左手の指を軽く曲げ、右手を包丁に見立て、トントンと切るように動かす。

ハンバーガー

両手でハンバーガーを持ち、ほおばるように口に持っていく。

焼き鳥

右手の人差し指を横に伸ばし、焼き鳥を食べるように、右に引く。

弁当

左手をコの字型にし、お弁当の容器をつくる。

右手のひらで、左手（容器）にご飯をつめるようにする。

焼きそば

ヘラで焼きそばを炒めているように、両手を動かす。

かむ（消化）

握った手を向かい合わせ、かむようにすり合わせる。

箸（はし）

人差し指と中指を伸ばし、箸を使うように開いたり閉じたりする。

フォーク

人差し指、中指、薬指を下に向けて伸ばす。

ナイフ

右手の人差し指と中指で、左手の人差し指を削るようにする。

スプーン

右手を握り、手前から前方に、すくうように動かす。

おいしい

右手でアゴの輪郭をなぞる。

まずい

手をアゴにあて、手を払うように前に出す。

からい

指を折り曲げ、口のまわりをグルグル回す。

甘い

手のひらを自分に向け、口のまわりをグルグル回す。

すっぱい

指先をすぼめ、指先を口にあて、パッと開く。

にがい

指を折り曲げ、口の前で左右に動かす。

熱い

手を開き、熱いものをさわったときのように、勢いよく引き上げる。

冷たい

両手を握り、小刻みにゆらす（「寒い」と同じ手話）。

硬い

右手の親指、人差し指、中指を曲げ、手首をひねりながら軽く振り下ろす。

やわらかい(a)

やわらかいものをさわっているように、開いたり、閉じたりする。

やわらかい(b)

フニャフニャしているように、交互に上下させる。

太い

両手の指先同士を合わせて筒をつくり、左右に広げる。

細い

両手の親指と人差し指で輪をつくり、輪を閉じながら上下に引き離す。

割り勘（a）

 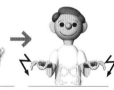

両手の親指と人差し指で輪（お金）をつくる。

2回ほど左右から中央に引き寄せる。

割り勘（b）

左手のひらを、右手で切り分けるように、3分割していく。

胃

右手の親指と人差し指を閉じ、胃の形をなぞるように、指先を開いて閉じる。

心臓

両手の指を折り曲げて上下に向かい合わせ、心臓の動きのように両手を上下させる。

命

右手を握り、心臓にあてる。

骨

両手を軽く曲げ、ろっ骨をなぞるように左右に広げる。

手

手の甲にふれる。

足

手を足にあてる。

肩

手を肩にあてる。

腰

手を腰にあてる。

病気

手を握り、つらそうな表情でこぶしを2回額にあてる。

頭痛（頭＋痛い）

人差し指で頭を指す。

頭の側で、右手を2回ほどつかむように動かす。または痛そうに振る。

肩の痛み（肩＋痛い）

手を肩にあてる。

肩の側で「痛い」の手話をする。

腰痛（腰+痛い）

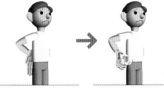

手を腰にあてる。　　腰のそばで「痛い」の手話をする。

腹痛

人差し指でお腹を指す。　　お腹のそばで「痛い」の手話（「頭痛」参照）をする。

足の痛み（足+痛い）

人差し指で足を指す。　　足の側で「痛い」の手話をする。

腕の痛み（腕+痛い）

手を腕にあてる。　　腕の側で「痛い」の手話をする。

下痢

左手で筒をつくり、右手の指先をすぼめ、左手の筒を上から通過させたら指先を開く。

便秘

左手で筒をつくり、右手の指先をすぼめ、左手の筒の入口で止める。

めまい

両手の人差し指で、左右の目のまわりをグルグルと回す。

血圧

右手を左の二の腕に2回あてる。

高血圧

「血圧」の手話をした後に、右手を上げると、高血圧を表わす。

低血圧

「血圧」の手話をした後に、右手を下げると、低血圧を表わす。

187

生理

右手の人差し指と中指を、左上腕にあて右に引く。

マスク

口の前で、両手の親指と人差し指で長方形（マスクの形）をつくる。

ガン

指文字の「ガ」をつくり、指文字の「ン」を空書する。

老眼

人差し指で目を指差す。

親指を曲げ、「老人」の手話をする。

近眼

人差し指で目を指差す。

手のひらを顔に近づける。

さむけ

両手を体の前で交差させて肩のあたりに置き、さするように上下させる。

やけど

左手の甲の上に右手のひらを乗せ、右手をはね上げる。

ストレス（b）

人差し指で頭を指す。

左手のひらの下で、右手を水平に回し、行きづまったようすを表現する。

熱中症

手を開き、勢いよく引き上げる。「熱い」。

横にした左手親指と人差し指に右手の人差し指をあて漢字の「中」をつくった後、手を握り額にあてる。

中毒

左手の親指と人差し指を右手の人差し指にあて「中」をつくる。

右手の親指と人差し指を閉じ、指先を口元にあて、下げる「毒」という手話。

アレルギー

右手の指先を左腕にあて、上に発しんが広がるように引き上げる。

アトピー

右手を握り、親指を伸ばして指文字「あ」をつくり顔の横に2回つける。

耳鳴り

耳の横で、開いた右手をわしづかみするように2回ほど指を折り曲げる。

だるい

両手の指先を胸にあて、だるそうに手を下げる。

むくみ

右手のひらを、左手の甲に軽くあて上げる。

妊娠

お腹の前で両手の指先を合わせ、お腹のふくらみをなぞるようにする。

はしか

人差し指で唇をなぞる（「赤」の意味を表わす）。

右手の指先を発しんが出ているように体にあてていく。

入院

右手の人差し指と中指の背を、左手のひらに乗せ、前に出す。

退院

右手の人差し指と中指を、左手のひらの上から手前に引く。

汗

頭の横から汗が落ちるように、手首をひねりながら下げる。

通院

親指を立て、体の前で前後に行ったりきたりさせる（「通う」の手話）。「病院」＋「通う」で通院。

インフルエンザ

指文字「い」の右手を口の前で軽く前後させる。「風邪」の手話を「い」でする。

コロナ

左手で丸をつくり、開いた右手を左手の親指と人差し指にそわすように右方向に移動（コロナウイルスのイメージ）。

受付

左手を横（手のひらは下に）にして、右手を左手の小指側につける。

待合室

指の背をアゴの下にあてる（「待つ」という手話）。

両手を前後左右に置き、四角い部屋の形をつくる（「部屋」という手話）。

レントゲン

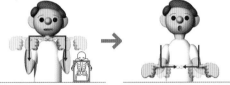

両手の人差し指を胸の前で合わせる。

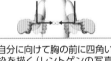

自分に向けて胸の前に四角い枠を描く（レントゲンの写真機をイメージして）。

右手を開いて、指先を胸に向け、指先をすぼめながら前に出す（「写真」を撮られるイメージで）。

検査

曲げた人差し指と中指を左右に振る（「調べる」「調査」の意味）。

CT・MRI

右手の人差し指と中指を伸ばし、トンネルのように曲げた左手に入れる。

車イス（a）

両手の、親指と人差し指で車イスの車輪を前に回転させるように前に動かす。

車イス（b）

両手の人差し指を向かい合わせ、車輪が回転しているように体の横で回す。

救急車

両手の人差し指を伸ばして、交差させて十字をつくる。

指先を少し曲げ、回転する赤色灯のように、手首を左右にくり返しひねる。

書類

左手のひらに書くように右手を動かす（「書く」という手話）。

両手の人差し指で、体の前に四角を描き、書類を表現する。

コンタクトレンズ

右手の人差し指を、左手のひらに乗せてから目にあてる。

資料

指文字の「し」を表わした右手で、左手のひらを2回すべらせる。これだけでも「資料」を表わす。

カギ

右手でカギを開けるように、手首を回す。

品物

親指と人差し指で輪をつくり漢字の「品」を書くように3箇所に輪を置く。

パスポート

両手のひらを合わせ、左右に開く。

右手を握り、判を押すように左手のひらの上に乗せる。

忘れ物

頭の横で右手を握り、開きながら上げる（「忘れる」の意味を表わす）。

119番

左手の人差し指を立て、数字の「1」をつくる。

左手の「1」のとなりに、右手で「1」をつくる。

右手で数字の「9」をつくる（すべて右手で「1」「1」「9」と表わしてもよい）。

110番

左手の人差し指を立て、数字
の「1」をつくる。

左手の「1」のとなりに、右手
で「1」をつくる。

右手で数字の「9」をつくる（す
べて右手で「1」「1」「9」と表
わしてもよい）。

交通事故

両手を開き、指先を向かい合
わせて体の前に置く。

両手を左右に動かし、交差さ
せる。

両手を左右から引き寄せ、車
が衝突するように指先をぶつ
け、はね上げる。

火事

右手の人差し指で、唇を左か
ら右に引き、「赤」の手話をす
る。

左手で屋根をつくり、右手の
手首をひねりながら上げ、炎
を表現する。

地震

両手のひらを上に向け、体の前
に並べて置き、地面がゆれるよ
うに、両手を同時に前後させる。

津波

両手のひらを前に向け、体の
脇にそろえて置く。

波が打ち寄せるように、
上下にうねらせる。

両手を前に伸ばす。

JR

親指と人差し指で「J」を、中指を人差し指にからめて「R」を表わし、「JR」をつくった手を前に出す。

私鉄(「個人」+「電車」)

両手の人差し指の指先を、額の前にあて、左右に顔をなぞる。

「電車」の手話をする。

特急

右手の親指と人差し指を閉じ、左腕にV字を描き、「特別」の手話をする。

右手の親指と人差し指をつけて、左側にパッと開く(「早い」の意味を表わす)。

急行・快速

右手の親指と人差し指をつけて、左側にパッと開く(「早い」の意味を表わす)。

各駅停車

右手を左手のひらの上にポンと乗せる「駅」の手話を前に出しながら2回繰り返す。

飛行機

親指と小指を伸ばして飛行機の羽根を表現し、離陸するように動かす(人差し指も出してもよい)。

空港

親指と小指を伸ばして飛行機の羽根を表現し、離陸するように動かす(人差し指も出してもよい)。

手をドーム状にする。(「場所」の意味を表わす)。

羽田

鳥が羽ばたくように、両手を上下に動かす。

両手の人差し指、中指、薬指を交差させ、漢字の「田」をつくる。

成田

右手のひらを、左手のひらに乗せ、

右手をひっくり返して、右手の甲を左手のひらにあてる（「成る」の意味を表わす）。

両手の人差し指、中指、薬指を交差させ、漢字の「田」をつくる。

関西空港（「関西」＋「空港」）

右手を左手の人差し指から親指にかけて添わせてから、伸ばした親指と人差し指を下げる。「関西」の意味。

親指と小指を伸ばして飛行機の羽根を表現し、離陸するように動かす（人差し指も出してもよい）。

手をドーム状にして「場所」の手話をする。

港

両手の人差し指を、指先が向かい合うように折り曲げる（防波堤を表現する）。

新幹線

右手を顔の前に置き、前に出す（先頭車両の形を表現する）。

橋

両手の人差し指と中指を伸ばし、橋のアーチを描くように手前に引く。

高速道路

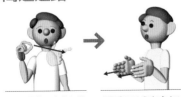

右手の親指と人差し指をつけて、左側にパッと開く（「早い」を表現する）。

両手のひらを向かい合わせ、前に出す（「道」の意味を表わす）。

信号

すぼめた左手を顔に向け、パッ、パッ、パッと3回ずらしながら開いて、信号の点灯を表現する。

トンネル(a)

左手を軽く曲げてトンネルを表現し、右手をコの字型（車）にして、左手のトンネルを通過させる。

トンネル(b)

左手でトンネルを表現し、右手を通過させる。

踏切

両手の人差し指の指先を合わせ、遮断機が上がるように、両手を上げる。

券売機

右手の親指と人差し指で左手をはさみ、「駅」の手話をする。

親指と人差し指で輪をつくり、お金を入れるようにする。

改札口

右手の親指と人差し指で左手をはさみ、「駅」の手話をする。

親指と人差し指を閉じて輪をつくり、口にあてる。

搭乗口

右手の人差し指と中指を下に向け（足を表わす）、左手のひらに乗せる。

親指と人差し指を閉じて輪をつくり、口にあてる。

出口

右手のひらを、左手のひらの下をくぐらせて、前に出す。

右手の人差し指で、口をなぞる（輪をつくり口にあててもよい）。

入口

両手の人差し指で、漢字の「入」をつくり、前に倒す。

右手の人差し指で、口をなぞる。

案内所

親指を立て、唇の前で左右に動かす（「通訳」の意味も表わす）。

手をドーム状にする。（「場所」の意味も表わす）。

195

時刻表（「時間」＋「表」）

腕時計をイメージして指差し、「時間」の手話をする。

両手を重ね、右手を横に引き、

右手を縦に下ろす。表のケイ線を表現する。

車（a）

両手でハンドルを動かす動作をする（「運転」の意味を表わす）。

車（b）

手をコの字型に曲げ、動かす。

バス

両手の親指と人差し指を伸ばし、前に出す（バスの前面を表現する）。

バイク

バイクのアクセルをひねるように、右手をひねる。

地下鉄

右手のひらを縦（手の甲を右に）にし、左手のひらの下をくぐらせ前に出す。

船

両手を軽く曲げ、小指側を合わせて船の底を表現し、前に出す。

モノレール

右手の親指と他の4本の指で左腕を軽くはさみ、前にすべらせる。

徒歩

右手の人差し指と中指を下に向け、歩くように指を交互に前後させる。

自転車

両手を握り、自転車のペダルをこぐように、両手を回転させる。

交番(「警察」+「場所」)

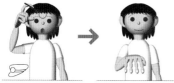

親指と人差し指を折り曲げ、額にあてる(帽子の記章を表わす)。

手をドーム状にする。

警察署(「警察」+「建物」)

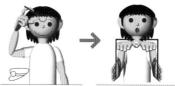

親指と人差し指を折り曲げ、額に当てる(帽子の記章を表わす)。

両手のひらを向かい合わせ、上に引き上げてから水平に引き合わせる。

消防署(「消防」+「場所」)

両手でホースを持つようにかまえ、左右に振る(放水するようすを表わす)。

手をドーム状にする。

図書館(「本」+「建物」)

両手のひらを合わせ、本を開くように、両手を左右に開く。

「建物」の手話をする。

保健所(「体」+「調べる」+「場所」)

右手のひらを右肩にあて、体をなでるように、円を描く。

右手の人差し指と中指を曲げ、指先を目に向けて、左右に動かす。

手をドーム状にする。(「場所」の意味を表わす)。

県庁(「県」+「庁」)

両手のひらを交差させて合わせ、ひねりながら手の前後を入れかえる。

左手の人差し指を横に伸ばし、右手の人差し指を下ろして軽くはね上げ、漢字の「庁」を描く。

197

役所（「政治」＋「場所」）

左手のひらの上に、右ヒジを立て、右手を前に軽く倒す。「役所」の意味を表す。

「場所」の手話をする。

市

親指、人差し指、中指を伸ばし、指文字の「し」をつくる。

区

右手を軽く曲げ、指文字の「く」をつくる。

町（a）

両手の指先を合わせ、屋根の形を2つつくる。

町（b）

左手の人差し指、中指、薬指を横に伸ばし、その横で、右手の人差し指で、漢字の「丁」を書く。

村

左手のひらを下に向け、指を折り曲げ、人差し指を伸ばした右手を左手の手首につけ、手前に引く。

都

右手の甲を前に向け、人差し指と中指を立て、指文字の「と」をつくる。

道

両手の人差し指と中指を伸ばし、指先を合わせ、北海道の形のように、ひし形を描く。

府

右手の親指を横に、人差し指を下に伸ばし、指文字の「ふ」をつくる。

県

右手のひらを前に向け、親指を折り曲げ、指文字の「け」をつくる。

右手の人差し指で、カタカナの「ン」を空書し、指文字の「ん」をつくる。

福祉会館（「福祉」＋「建物」）

 ＋ →

右手でアゴをはさみ、指を閉じながら下げる（「幸せ」「幸福」という手話）。

右手の親指を上に、人差し指と中指を横に伸ばし、指文字の「し」をつくる。

両手のひらを向かい合わせ、上に引き上げてから水平に引き合わせる。

ホテル

左手のひらを前に向け、右手の人差し指と中指を横に伸ばし、左手のひらにあてながら下げる。

旅館（「寝る」＋「家」）

右手を握り、頭を右こぶしにもたれかけるように傾ける。

両手の指先を合わせ、屋根の形をつくる。

寺（a）

左手で拝むようにし、右手の人差し指を伸ばし、前に2回振る。

両手の指先を合わせ、屋根の形をつくる。

寺（b）

左手を開いて立て、拝むようにし、右手で木魚をたたくように動かす。

神社（a）

両手のひらを柏手を打つように合わせる（「神」の意味を表わす）。

両手の指を組み、屋根の形をつくる。「お宮」の意味を表わす。

神社（b）

両手の人差し指と中指を左右に引きながら下ろす。「鳥居」を表わす。

手話の勉強法

　手話を習得するには、さまざまな勉強法があります。最近では YouTube で手軽に手話の動画を視聴できるようになりました。ここでは私の体験を含め勉強法をご紹介します。

① 単語と例文を覚える

　趣味・学校・仕事など何からでもかまいません。「自己紹介から」にこだわらず、自分の興味、関心のあることから知りたい単語や例文を学び始めたら良いと思います。

② 指文字を練習する

　「ア・イ・ウ・エ・オ〜」と 50 音順に練習していませんか？　ある程度基礎ができたら、電車やバスの中、歩きながらでも、目に入ってくる文字を見ながらいつでも練習できます。ぜひ試してみてください。ご年配のろう者の中には指文字を使わない方や、得意でない方もいることを理解しておいてください。指文字は早く表わしても読みづらいものです。ゆっくり丁寧に表わしましょう。

③ 鏡に映したり、動画を撮ってみる

　手話表現の練習を鏡の前でしたり、動画に撮ると、自分の手話が相手にどのように見えているか確認でき、自分の癖に気付けると思います。

④ ろう者・難聴者・中途失聴者の方々と接していく

　「積極的に会話をしよう」と思い立っても、身近に知っているろう者はいないという方もいるかもしれません。最近はろう者が経営するカフェや大学の手話サークルなども増えています。ろう者の演劇や映画、イベントもあります。そのような場にどんどん出かけてみましょう。初心者でも温かく迎えてくれるでしょう。

⑤ サークル・講習会で学ぶ

　自分一人で覚えるのは限界がありますね。地域の手話サークルや講習会で学ぶことで、仲間が増え、手話の幅が広がるはずです。各都道府県や区市町村の窓口に問い合わせると、地域のサークルを紹介してもらえたり、講習会の情報が得られると思います（ホームページも参考になります）。

⑥ ろう者の手話をそのまま覚える

　"手話"とひと口に言っても、とても語りつくせるものではありません。私のろうの友人は「聞こえないことは障害ではない、個性なんだ」「"聞こえない人"と否定的な言い方は止め、"目で見る人"と肯定的にとらえてほしい」「手話は自分たちの言語である」と誇りを持って生きています。その一方で、中途失聴や難聴の友人の中には、今も一緒に学んでいる方もいます。手話を学ぶとともにろう者の文化や背景を知り、お互いに歩み寄る社会とはどういうことか、ろう者・難聴者・中途失聴者の生活の中から学んでいただきたいと思います。私も失敗をしながら今なお学んでいます。

ろう者と中途失聴者の手話は同じ？

　視覚言語である手話を使うのは「ろう者」「難聴者」「中途失聴者」「盲ろう者」です。

　「ろう者」は、おもに日本手話でコミュニケーションをとり、ろう文化というものを持ちながら生活をしている人のことをいいます。

　「難聴者」は聴力が残っていて手話はできないという人もいますし、静かな環境なら1対1の会話や電話もできるものの、手話も覚えコミュニケーションをとる人もいます。手話がわかる人もわからない人もいます。

　「中途失聴者」は成長の過程で聞こえなくなった人です。聞こえなくなったことで手話を覚えていく人もいます。第一言語が日本語ですので、日本語に手話単語を対応させ、声を出しながら手話を使う人が多いです。

　「盲ろう者」は目が見えず、耳も聞こえない人です。もともと視力に障がいがあり後から聴力も失った人や、先天的に聞こえず後天的に視力も低下した人のことです。前者は、点字や指点字などでコミュニケーションをとり、後者は触手話という手を触りながら手話などでコミュニケーションをとります。

　つまり“聞こえない”といっても一くくりにはできません。聞こえの程度や、聞こえなくなった年齢、育ってきた環境などによって、手話に対する考え方、手話の表わし方もさまざまなのです。

手話って何？

　日本で使われる手話には、おもに「日本手話」と「日本語対応手話」があります。

　「日本手話」はおもにろう者が使用します。日本語などの音声言語同様に文法もあり、世界的に“言語”として認められている“目で見る言葉（視覚言語）”です。

　「日本語対応手話」は、おもに難聴者や中途失聴者が使用し、日本語の文法に手話単語を合わせていく日本語をベースにした手話です。

　この本やQRコードの動画では「日本手話」を収録しています。手話は手の形や表情を豊かにすれば通じるかというとそうではありません。表情[*1]は文法表現の一つであり、質問する時は眉を上げる、否定をする時は首を振るなど、それぞれ意味が含まれています。手の形だけでなく、眉・目・頬・口形・首なども動画を観てシャドーイング[*2]から練習していくといいでしょう！

*1　本書で述べる「表情」は、日本手話では、文法（眉上げ・目の動き・首振りなど）として確立されています。

*2　シャドーイング：話し手の表現をほぼ同時に真似をして表現するトレーニング方法のこと。手話の場合、手の形だけでなく、眉上げ・目の動き・首振りなども含みます。

単語索引

●著者紹介

豊田直子 （とよだ なおこ）

東京都生まれ。全日本空輸株式会社に客室乗務員として勤務。退職後、手話通訳士になる。「ＮＨＫ手話ニュース」キャスターを５年間務める。現在は、自治体の登録手話通訳者として、通訳活動や手話指導、ボランティア活動に勤しむ。フリーの手話通訳士としても手話啓蒙に携わる。

●手話協力

佐沢静枝 （さざわ しずえ）

北海道釧路生まれ。日本ろう者劇団に入団し、舞台や映画、NHK「みんなの手話」のアシスタントなどに出演。退団後、特定非営利活動法人しゅわえもんを設立し、手話による絵本読み聞かせ普及のために仲間と奮闘中。現在は、立教大学日本手話兼任講師、ろう学校非常勤講師、TA-net 舞台手話通訳養成講師、「手話で楽しむみんなのテレビ」(NHK「ハートネット TV」) などに出演、手話監修に携わる。

写真でもしっかりわかる
持ち歩き　動画で学ぶやさしい手話

2023 年 2 月20 日 第 1 刷発行

著　者　豊田直子
発 行 者　吉田芳史
ＤＴＰ　ニシ工芸株式会社
印 刷 所　株式会社光邦
製 本 所　株式会社光邦
発 行 所　株式会社日本文芸社
　　　　　〒100-0003 東京都千代田区一ツ橋 1-1-1 パレスサイドビル 8F
　　　　　電話 03-5224-6460（代表）
　　　　　URL https://www.nihonbungeisha.co.jp/

内容に関するお問い合わせは、小社ウェブサイトお問い合わせフォームまでお願いいたします。
ウェブサイト https://www.nihonbungeisha.co.jp/